표준 중국어 문법

강창구 지음

신아사

머리말

2022년은 한중수교 30년이 되는 해로서 이제는 정부 차원 뿐만 아니라 민간 차원에서도 다방면에 걸쳐서 빈번하게 왕래하고 있으며, 양국의 무역교류도 활발히 이루어지고 있다. 또 금년 2월은 북경에서 동계올림픽이 열렸다. 지난 2008년 8월 8일에 거행한 하계 올림픽에 이어 두 번째로 올림픽을 개최한 국가가 되었다.

이러한 시점에서 중국어는 세계는 물론 양국의 교류역할을 하는데 중요한 매개체로서의 기능을 다 하고 있다. 우리는 흔히들 중국어를 잘하려면 많이 말하고, 많이 쓰고, 많이 듣고, 많이 읽어야 한다고 익히 들어왔다. 그러나 중국어의 구조적인 문형을 이해하지 못하고 말하거나 글쓰기를 한다는 것은 쉬운 일이 아니라고 본다. 따라서 본 서적은 가장 간단명료하면서 체계적으로 문형을 제시하고, 이에 관련된 다양한 문장을 열거하여 설명함으로써 독자들이 가장 쉽게 이해할 수 있도록 돕는 데 최선을 다했다.

본 서적은 중국어 학습자들이 반드시 알아야 할 기본적인 사항을 제시하여 문형의 구조를 파악하게 했으며, 이를 토대로 작문 연습과 단어 어순 배열을 하도록 구성했다.

본 서적의 특징은 첫째, 각 과를 매우 쉽고 간단하게 정리하여 가능한 한 처음 시작하는 초급자부터 더욱더 기초를 다지고 싶은 기존 학습자까지 이해할 수 있도록 다양한 예문을 제시했다. 둘째, 각 과마다 연관되는 문장을 제시하여 작문 연습을 할 수 있도록 구성했다. 셋째, HSK 문제 풀이에 대비하여 단어의 어순 배열 문제를 각 과마다 나열하였다.

본 서적을 통해서 조금씩 중국어 문형 구조 파악과 작문 연습, 단어 어순 배열을 실시한다면 중국어 실력이 반드시 향상될 것으로 기대한다. 아무쪼록 이 서적이 중국어 학습자에게 많은 도움이 되기를 희망하며, 아울러 많은 분들의 질정을 바란다.

2022년 6월 근학관 연구실에서

강창구 씀.

차례

표준 중국어 문법

제 1 과
중국어의 문장 성분

중국어의 문장을 구성하는 성분을 "문장성분"이라고 하며, 문장에서 단어나 구가 맡고 있는 기능이 무엇인가를 나타낸다. 문장성분은 "주요성분"과 "보조성분"으로 나눌 수 있다.

1. 주요성분 : 주어, 술어, 목적어

① 주어 : 술어가 서술하거나 묘사하는 대상을 말함.

② 술어 : 술어의 상태나 동작을 설명하며, 주로 동사나 형용사가 해당됨.

③ 목적어 : 술어 뒤에서 술어의 동작이나 상태 등이 미치는 대상, 장소, 결과, 도구 등을 나타냄.

2. 보조성분 : 관형어, 부사어, 보어

① 관형어 : 주어나 목적어를 수식함.

② 부사어 : 술어를 수식함.

③ 보어 : 술어 뒤에 위치하여 술어를 보충 설명함.

구체적인 문장을 들어 설명하면 다음과 같다.

1) 주어

<u>我</u>吃饭. (나는 밥을 먹는다.)
Wǒ chī fàn.

<u>他们</u>买书. (그들은 책을 산다.)
tāmen mǎi shū.

2) 술어

我们班的同学们都<u>到了</u>. (우리 반 학우들은 모두 왔다.)
wǒmenbān de tóngxuémen dōu dào le.

我们班男生<u>多</u>, 女生<u>少</u>. (우리 반은 남학생이 많고, 여학생이 적다.)
Wǒmenbān nánshēng duō, nǚshēng shǎo.

3) 목적어

他每天学习<u>法语</u>. (그는 매일 불어를 공부합니다.)
Tā měitiān xuéxí fǎyǔ.

我爸爸昨天到了<u>上海</u>. (내 아빠는 어제 상해에 도착했다.)
Wǒ bàba zuótiān dàole shànghǎi.

4) 관형어

他是一位<u>年轻的</u>大夫. (그는 젊은 의사이다.)
Tā shì yí wèi niánqīng de dàfū.

<u>这个学生的</u>学习成绩非常好. (이 학생의 학업 성적은 대단히 좋다.)
Zhège xuéshēngde xuéxí chéngjī fēicháng hǎo.

这些都是已经看完的书. (이러한 것들은 이미 다 본 책이다.)
Zhèxiē dōu shì yǐjīng kànwánde shū.

5) 부사어

我常常喝茶. (나는 항상 차를 마신다.)
Wǒ chángcháng hē chá

她姐姐非常漂亮. (그녀의 언니는 아주 아름답다.)
Tā jiě jie fēicháng piàoliang.

6) 보어: 술어 뒤에 위치하여 술어를 보충설명

我们都听懂了汉语老师说的话.
(우리는 모두 중국어 선생님이 하신 말씀을 알아들었다.)
Wǒmen dōu tīng dǒngle hànyǔ lǎoshī shuō de huà.

他吃饭吃得很快. (그는 밥을 매우 빨리 먹는다.)
Tā chīfàn chī de hěn kuài.

我们一起走进办公室去了.
(우리는 함께 사무실로 걸어 들어갔다.)
Wǒmen yìqǐ zǒu jìn bàngōngshì qùle.

我最近忙得很. (나는 요즘 매우 바쁘다.)
Wǒ zuìjìn máng de hěn.

我学汉语学了两年. (나는 중국어를 2년 동안 배웠습니다.)
Wǒ xué hànyǔ xuéle liǎngnián.

3. 문장성분의 예

老师 喜欢 学生. (선생님은 학생을 좋아한다.)

Lǎoshī xǐhuān xuéshēng.

(주어＋술어＋목적어)

老师 喜欢 善良的 学生. (선생님은 착한 학생을 좋아한다.)

Lǎoshī xǐhuān shànliángde xuéshēng.

(주어＋술어＋관형어＋목적어)

老师 非常 喜欢 学生. (선생님은 무척 학생을 좋아한다.)

Lǎoshī fēicháng xǐhuān xuéshēng.

(주어＋부사어＋술어＋목적어)

我 写 完了 作业. (나는 숙제를 다했다.)

Wǒ xiě wán le zuòyè

(주어＋술어＋보어 ＋목적어)
(* 了는 부착성분으로 스스로 문장성분을 이룰 수 없다.)

我 已经 看 完了 两本 小说.

(나는 이미 두 권의 소설을 다봤다)

Wǒ yǐjīng kàn wán le liǎng běn xiǎoshuō.

(주어＋부사어＋술어＋ 보어 ＋ 관형어＋목적어)

제 2 과
"是"字文

판단동사 "是"는 주어가 가리키는 사람 혹은 사물에 대하여 판단 혹은 설명을 하는 작용을 한다.

1. "是"자문의 긍정문

[A + 是 + B]: A는 B이다.
[주어 // 술어]

我是韩国人. (나는 한국 사람이다.)
Wǒ shì hánguórén.

他是中国人. (그는 중국 사람이다.)
Tā shì zhōngguórén.

她是医生. (그녀는 의사이다.)
Tā shì yīshēng.

我是学生. (나는 학생이다.)
Wǒ shì xuéshēng.

他是老师. (그는 선생님이다.)
Tā shì lǎoshī.

这是书. (이것은 책이다.)
Zhè shì shū.

那是钢笔. (저것은 만년필이다.)
Nà shì gāngbǐ.

这是飞机. (이것은 비행기이다.)
Zhè shì fēijī.

那是自行车. (저것은 자전거이다.)
Nà shì zìxíngchē.

2. "是"자문의 부정문

술어 앞에 부정부사 "不"를 두면 부정문이 된다.

[A + 不是 + B]: A는 B가 아니다.

我不是韩国人. (나는 한국 사람이 아니다.)
Wǒ búshì hánguórén.

他不是学生. (그는 학생이 아니다.)
Tā búshì xuéshēng.

他不是中国人. (그는 중국인이 아니다.)
Tā búshì zhōngguórén.

他不是老师. (그는 선생님이 아니다.)
Tā búshì lǎoshī.

这不是书. (이것은 책이 아니다.)
Zhè búshì shū.

那不是铅笔. (저것은 연필이 아니다.)
Nà búshì qiānbǐ.

3. "是"자문의 의문문

① 일반적으로 가장 기본적인 의문문은 서술문 마지막에 의문조사 "吗"를 붙인다.

[주어 + 是 吗?] ~ 입니까?

你是学生吗? (당신은 학생입니까?)
Nǐ shì xuéshēng ma?

这是钢笔吗? (이것은 만년필입니까?)
Zhè shì gāngbǐ ma?

那是自行车吗? (저것은 자전거입니까?)
Nà shì zìxíngchē ma?

② 긍정과 부정을 병렬하면 정반의문문(正反疑问文)을 형성한다.

[~ 긍정 + 부정 ~?]

你是不是学生? (당신은 학생입니까?)
Nǐ shì bú shì xuéshēng?

这是不是书? (이것은 책입니까?)
Zhè shì bú shì shū?

那是不是铅笔? (저것은 연필입니까?)
Nà shì bú shì qiānbǐ?

③ 긍정과 부정 사이에 목적어를 둔다.

[~ 긍정 + 목적어 + 부정?]

你是学生不是? (당신은 학생입니까?)
Nǐ shì xuéshēng bú shì?

这是铅笔不是? (이것은 연필입니까?)
Zhè shì qiānbǐ bú shì?

那是自行车不是? (저것은 자전거 입니까?)
Nà shì zìxíngchē bú shì?

④ 의문사(谁, 什么, 怎么样, 哪, 几 多少)를 활용하면 의문문이 형성된다.

你们是哪国人? (당신들은 어느 나라 사람입니까?)
Nǐmen shì nǎguórén?

他是谁? (그는 누구입니까?)
Tā shì shéi?

这是什么? (이것은 무엇입니까?)
Zhè shì shénme?

今天天气怎么样? (오늘 날씨는 어떻습니까?)
Jīntiān tiānqì zěnmeyàng?

* 의문문에 대한 대답: 긍정 혹은 부정으로 대답할 수 있다.

① 你是哪国人? (당신은 어느 나라 사람입니까?)
Nǐ shì nǎguórén?

– 我是韩国人. (나는 한국 사람입니다.)
Wǒ shì hánguórén.

– 我不是韩国人. (나는 한국 사람이 아닙니다.)
Wǒ bú shì hánguórén.

② 那是钢笔吗? (저것은 만년필 입니까?)
Nà shì gāngbǐ ma?

– 是, 那是钢笔. (예, 저것은 만년필입니다.)
Shì, nà shì gāngbǐ.

– 不是, 那是铅笔. (아니요, 저것은 연필입니다.)
Bú shì, nà shì qiānbǐ.

연습문제

* 다음 우리말을 중국어로 옮기시오.

1) 그는 내 친구이다.

....

2) 나는 대학생이다.

....

3) 당신은 한국사람입니까?

....

4) 이것은 자전거이다.

....

5) 저것은 볼펜이다.

....

6) 당신은 유학생입니까?

....

7) 그녀는 당신 누나입니까?

....

8) 이것은 만년필이 아닙니다.

....

9) 그는 선생님이 아니고 학생입니다.

....

10) 저것은 무엇입니까? 저것은 책입니다.

....

* 다음 단어를 어순에 알맞게 배열하세요.

1) 你们　中国人　是　不　是

....

2) 今天　三月　不　十号　是

....

3) 是　那　字　什么　个　意思

....

4) 这　是　铅笔　吗　不

....

5) 我　工人　是　不, 大学生　是

....

단어정리

朋友(Péngyǒu): 친구.
韩国人(hánguórén): 한국인.
圆珠笔(Yuánzhūbǐ): 볼펜.
姐姐(jiě jie): 누나.
什么(shén me): 무엇.
意思(Yìsi): 뜻, 의미.
工人(gōngrén): 노동자.
大学生(dàxuéshēng): 대학생.
自行车(zìxíngchē): 자전거.
留学生(liúxuéshēng): 유학생.
钢笔(gāngbǐ): 만년필.
书(Shū): 책.
铅笔: (qiānbǐ): 연필.

제 3 과
동사술어문

술어가 동사로 이루어진 문장을 동사술어문이라 한다. 부정은 동사 앞에 부정부사 "不"를 둔다.

① 자동사일 때 목적어가 필요 없다.

春天来了. (봄이 왔다.)
Chūntiān lái le.

他每天运动. (그는 매일 운동을 한다.)
Tā měitiān yùndòng.

放假已经过去了. (방학이 벌써 지나갔다.)
Fàngjià yǐjīng guò qù le.

② 타동사일 때 목적어를 동반한다.

我看电影. (나는 영화를 본다.)
Wǒ kàn diànyǐng.

他喜欢吃中国菜. (그는 중국 음식을 좋아한다.)
Tā xǐhuān chī zhōngguócài.

1. 목적어가 없는 동사술어문

단지 [주어+동사]의 구조로 이루어진 동사술어문.

他来. (그는 온다.)
Tā lái.

他不来. (그는 오지 않는다.)
Tā bù lái

我看. (나는 본다.)
Wǒ kàn.

我不看. (나는 보지 않는다.)
Wǒ bú kàn.

我说, 你们听. (내가 말 할 테니, 너희들은 들어라.)
Wǒ shuō, nǐmen tīng.

我们学习, 他们工作. (우리는 공부하고, 그들은 일한다.)
Wǒmen xuéxí, tāmen gōngzuò.

2. 목적어가 하나인 동사술어문

[주어+동사+목적어]의 구조로 이루어진 동사술어문.

我看书. (나는 책을 본다.)
Wǒ kàn shū.

我们学习汉语. (우리는 중국어를 공부한다.)
Wǒmen xuéxí hànyǔ.

他们看电视. (그들은 텔레비전을 본다.)
Tāmen kàn diànshì.

她不听音乐. (그녀는 음악을 듣지 않는다.)
Tā bù tīng yīnyuè.

他不写汉字. (그는 한자를 쓰지 않는다.)
Tā bù xiě hànzì.

3. 목적어가 두 개인 동사술어문

[주어+동사+간접목적어+직접목적어]의 구조로 소위 이중목적어를 지닌 동사술어문을 말한다. 이 때 동사는 수여동사가 쓰인다. 즉 "教, 还, 给, 送, 找, 问, 借, 递, 叫, 通知, 告诉, 报告, 建议" 등이다.

王老师教我们汉语. (왕 선생님은 우리들에게 중국어를 가르친다.)
Wánglǎoshī jiāo wǒmen hànyǔ.

妈妈给我一件衣服. (엄마가 나에게 옷 한 벌을 줍니다.)
Mā ma gěi wǒ yí jiàn yīfu.

他告诉我他的地址. (그가 나에게 그의 주소를 알려준다.)
Tā gàosù wǒ tā de dìzhǐ.

你通知他明天上课. (너는 그에게 내일 수업한다고 알려 주어라.)
Nǐ tōngzhī tā míngtiān shàngkè.

谁给他钱? (누가 그에게 돈을 주니?.)
Shéi gěi tā qián?

老师问学生问题. (선생님이 학생에게 질문하신다.)
Lǎoshī wèn xuéshēng wèntí.

4. '有'를 이용한 동사술어문

有를 동사로 활용한 문형을 말한다. 이 때 有의 부정은 "没有"를 쓴다.

① 소유의 의미(~을 가지다, ~을 지니다.)

他有钱. (그는 돈을 가지고 있다.)
Tā yǒu qián.

我有很多书. (나는 매우 많은 책을 가지고 있다.)
Wǒ yǒu hěn duō shū.

我们班有三十名学生. (우리 반에는 30명의 학생이 있다.)
Wǒmen bān yǒu sānshímíng xuéshēng.

这个词有几种不同的用法.
(이 단어는 서로 다른 몇 가지 용법을 지니고 있다.)
Zhè ge cí yǒu jǐ zhǒng bù tóng de yòngfǎ.

我现在有时间看电视剧. (나는 지금 연속극 볼 시간이 있다.)
Wǒ xiànzài yǒu shíjiān kàn diànshìjù.

我现在没有时间看书. (나는 지금 책 볼 시간이 없다.)
Wǒ xiànzài méiyǒu shíjiān kànshū.

② 포함과 함유

一年有十二个月. (1년은 12달이다.)
Yì nián yǒu shí èr ge yuè.

一个月有三十一天. (한달은 31일이다.)
Yí ge yuè yǒu sān shí yī tiān.

一个星期有七天. (1주일은 7일이다.)
Yí ge xīng qī yǒu qītiān.

③ 의문문

다음과 같이 세 가지 유형의 의문문이 형성된다.

你有钱吗? (당신은 돈을 가지고 있습니까?)
Nǐ yǒu qián ma?

你有没有钱? (당신은 돈을 가지고 있습니까?)
Nǐ yǒu méiyǒu qián

你有钱没有? (당신은 돈을 가지고 있습니까?)
Nǐ yǒu qián méiyǒu?

연습문제

* 다음 우리말을 중국어로 옮기시오.

1) 선생님은 말하고, 우리는 듣는다.

....

2) 형은 음악을 듣고. 나는 영화를 본다.

....

3) 내 누나는 물건을 사지 않는다.

....

4) 나는 술을 마시지만 담배는 피우지 않는다.

....

5) 그가 나에게 두 권의 책을 줍니다.

....

6) 누가 여러분에게 중국역사를 가르칩니까?

....

7) 당신은 질문 있습니까?

....

8) 누가 사전이 없습니까?

....

9) 나는 지금 중국어를 말할 기회가 없다.

....

10) 나는 지금 밥 먹을 시간이 없다.

....

* 다음 단어를 어순에 알맞게 배열하세요.

1) 我　作业　弟弟　做

………………………………………………………………………………

2) 陈老师　我　汉语　教　弟弟

………………………………………………………………………………

3) 现在　时间　你　小说　吗　有　看

………………………………………………………………………………

4) 你　钱　现在　吗　有

………………………………………………………………………………

5) 我们　认识　不　汉语老师

………………………………………………………………………………

단어정리

东西(dōng xi): 물건, 사물.
抽烟(Chōuyān): 담배를 피우다.
问题(Wèntí): 질문, 문제.
机会(Jīhuì): 기회.
作业(Zuòyè): 숙제.
弟弟(Dì di): 남동생.
现在(Xiànzài): 현재.
老师(Lǎoshī): 선생님.
喝酒(Hējiǔ): 술을 마시다.
中国历史(Zhōngguólìshǐ): 중국역사.
词典(Cídiǎn): 사전.
时间(Shíjiān): 시간.
汉语(Hànyǔ): 중국어.
小说(Xiǎoshuō): 소설.
认识(Rènshí): 알다.

제 4 과
형용사술어문

1. 형용사술어문의 용법

① 술어가 형용사로 이루어진 문을 형용사술어문이라 한다. 형용사술어문은 사람이나 사물의 성질이나 상태를 묘사한다. 부정을 할 때는 술어 앞에 부정부사 "不"을 둔다. 의문문 역시 일반 서술문 마지막에 의문조사 "吗"를 붙이거나 긍정과 부정을 병렬시킨다.

我忙. (나는 바쁘다.)
Wǒ máng.

夏天热. (여름은 덥다.)
Xiàtiān rè.

冬天冷. (겨울은 춥다.)
Dōngtiān lěng.

他高. (그는 키가 크다.)
Tā gāo.

学生多. (학생이 많다.)
Xuéshēng duō.

这间屋子大. (이 방은 크다.)
Zhè jiān wūzi dà.

② 형용사술어문에서 대비나 비교를 나타낼 때를 제외하고, 대부분 형용사가 단독으로 술어가 되는 경우는 드물다. 이 때 보통 "很, 更, 最, 太, 真, 非常" 등의 부사로 형용사를 수식할 수 있다.

这件衣服很漂亮. (이 옷은 매우 아름답다.)
Zhè jiàn yīfu hěn piàoliang.

同学们都很努力. (학우들은 모두 매우 노력한다.)
Tóngxuémen dōu hěn nǔlì.

这个孩子真可爱. (이 아이는 정말 귀엽다.)
Zhè ge háizi zhēn kěài.

今天天气最热. (오늘 날씨는 가장 덥다.)
Jīntiān tiānqì zuì rè.

我妈妈今天非常高兴. (내 엄마는 오늘 대단히 즐겁습니다.)
Wǒ mā ma jīntiān fēicháng gāoxìng.

他的房间很干净. (그의 방은 매우 깨끗하다.)
Tā de fángjiān hěn gānjiìng.

③ 형용사술어문에서 비교나 대조를 나타낼 때는 주로 형용사가 단독으로 쓰일 수 있다.

这个商店大, 那个商店小. (이 상점은 크고, 저 상점은 작다.)
Zhè ge shāngdiàn dà, nà ge shāngdiàn xiǎo.

我们班男生多, 女生少. (우리 반은 남학생이 많고, 여학생이 적다.)
Wǒmen bān nánshēng duō, nǚshēng shǎo.

这些汉字容易, 那些汉字难.
(이러한 한자는 쉽고, 저러한 한자는 어렵다.)
Zhè xiē hànzì róngyì, nà xiē hànzì nán.

春天暖和, 秋天凉快. (봄은 따듯하고, 가을은 서늘하다.)
Chūntiān nuǎnhuo, qiūtiān liángkuài.

④ 형용사술어문에서 부정은 술어 앞에 부정부사 "不"을 둔다.

我不忙. (나는 바쁘지 않다.)
Wǒ bù máng.

他不高. (그는 키가 크지 않다.)
Tā bù gāo.

这间教室不大. (이 교실은 크지 않다.)
Zhè jiān jiàoshì bú dà.

这个星期他不忙. (이 번 주에 그는 바쁘지 않다.)
Zhè ge xīngqī tā bù máng.

北京的秋天不热. (북경의 가을은 덥지 않다.)
Běijīng de qiūtiān bú rè.

⑤ 형용사술어문에서 의문문은 일반서술문 마지막에 의문조사 "吗"를 붙이든지 술어의 긍정과 부정을 병렬시키다.

你忙吗? (당신은 바쁩니까?)
Nǐ máng ma?

你忙不忙? (당신은 바쁩니까?)
Nǐ máng bù máng?

你们的教室大吗? (여러분의 교실은 큽니까?)
Nǐmen de jiàoshì dà ma?

你们的教室大不大? (여러분의 교실은 큽니까?)
Nǐmen de jiàoshì dà bú dà?

这些汉字难吗? (이러한 한자는 어렵습니까?)
Zhè xiē hànzì nán ma?

这些汉字难不难? (이러한 한자는 어렵습니까?)
Zhè xiē hànzì nán bù nán?

2. 부사 也와 都의 활용법

"也"는 빈도부사로 주어 뒤, 술어 앞에 둔다. "都"는 범위부사로 "都" 앞에 나온 모든 성분을 포함한다. 그리고 "也"와 "都"가 한 문장에 올 때는 "也都"의 순서로 쓴다.

我也有那本书. (나도 그 책을 가지고 있다.)
Wǒ yě yǒu nà běn shū.

我们都是中国人. (우리들은 모두 중국 사람이다.)
Wǒmen dōu shì zhōngguórén.

我会说汉语, 他也会说汉语.
(나는 중국어를 할 줄 알고, 그도 중국어를 할 줄 안다.)
Wǒ huì shuō hànyǔ, tā yě huì shuō hànyǔ.

他们都看电影. (그들은 모두 영화를 본다.)
Tāmen dōu kàn diànyǐng.

他们都是韩国人，你们也都是韩国人吗?
(그들은 모두 한국 사람인데, 너희들도 모두 한국 사람이니?)
Tāmen dōu shì hánguórén, nǐmen yě dōu shì hánguórén ma?

3. 부분부정

정도부사 "很, 太"와 "大", "怎么", 그리고 범위부사 "都" 앞에 부정부사 "不"를 붙이면 부분부정이 된다. 즉 [不很 ~, 不太 ~, 不大 ~, 不怎么 ~]: "그리 ~하지 않다"로 번역하고, "不都 ~"는 "다 ~인 것은 아니다"로 번역하면 된다.

他不很忙. (그는 그리 바쁘지 않다.)
Tā bù hěn máng.

这本书不太贵. (이 책은 그리 비싸지 않다.)
Zhè běn shū bú tài guì.

我不大累. (나는 그리 피곤하지 않다.)
Wǒ bú dà lèi.

今天天气不怎么热. (오늘 날씨는 그리 덥지 않다.)
Jīntiān tiānqì bù zěme rè.

他们不都是中国人. (그들이 다 중국 사람인 것은 아니다.)(부분부정)
Tāmen bù dōu shì zhōngguórén.

他们都不是中国人. (그들은 모두 중국 사람이 아니다.)(전체부정)
Tāmen dōu bú shì zhōngguórén.

연습문제

* 다음 우리말을 중국어로 옮기시오.

1) 우리 기숙사는 매우 깨끗하다.

………………………………………………………………………

2) 도서관의 책은 아주 많다.

………………………………………………………………………

3) 저 아이는 아주 용감합니다.

………………………………………………………………………

4) 이 옷은 깨끗하고 저 옷은 더럽다.

………………………………………………………………………

5) 이번 주에 우리는 그다지 바쁘지 않다.

………………………………………………………………………

6) 서울의 겨울은 그리 춥지 않다.

………………………………………………………………………

7) 북경의 여름은 덥습니까?

………………………………………………………………………

8) 우리가 참관하러 가는 그 공장은 아주 크다.

………………………………………………………………………

9) 그들이 모두 대학생인 것은 아니다.

………………………………………………………………………

10) 우리들도 모두 그녀를 좋아한다.

………………………………………………………………………

* 다음 단어를 어순에 알맞게 배열하세요.

1) 这　难　个　很　汉字

…………………………………………………………………………………

2) 肚子　饿　我　太　不

…………………………………………………………………………………

3) 也　汉语　他们　会　都　吗　说

…………………………………………………………………………………

4) 这　本　书　贵　太　不

…………………………………………………………………………………

5) 我们　是　韩国人　都

…………………………………………………………………………………

단어정리

宿舍(Sùshè): 기숙사.
干净(Gānjìng): 깨끗하다.
脏(Zàng): 더럽다.
冬天(Dōngtiān): 겨울.
参观(Cānguān): 참관하다.
肚子(Dùzi): 배.
韩国人(Hánguórén): 한국인.
图书馆(Túshūguǎn): 도서관.
勇敢(Yǒnggǎn): 용감하다.
这个星期(Zhègexīngqī): 이번 주.
夏天(Xiàtiān): 여름.
工厂(Gōngchǎng): 공장.
书(Shū): 책.

제 5 과
주술술어문

주술 단어결합이 술어의 주요성분이 되는 문장을 주술술어문이라 한다. 주술술어문의 술어는 대부분 주어를 묘사하거나 설명하는 것이다.

1. 주술구조로 이루어진 술어, 주어, 목적어

他身体很好. (그는 매우 건강합니다.)
Tā shēntǐ hěn hǎo.

他吃饭非常快. (그는 밥 먹는 것이 대단히 빠르다.)
Tā chī fàn fēicháng kuài.

我希望你学习汉语. (나는 당신이 중국어 공부하기를 희망합니다.)
Wǒ xīwàng nǐ xuéxí hànyǔ.

1) 주술구조로 이루어진 술어

<table>
<tr><td rowspan="2">주어</td><td>주어</td><td>술어</td></tr>
<tr><td colspan="2">술어</td></tr>
</table>

위의 표에서와 같이 주어와 술어로 이루어진 구조가 문장 안에서 술어로 작용한다. [주어 + 술어(주어 + 술어)]의 구조를 이룬다.

我 // 头 / 疼. (나는 머리가 아프다.)
Wǒ // tóu / téng.

他 // 肚子 / 疼. (그는 배가 아프다.)
Tā // dùzi / téng

这本小说 // 内容 / 很好. (이 책은 내용이 매우 좋다.)
Zhè běn xiǎoshuō // nèiróng / hěn hǎo.

今天 // 天气 / 很好. (오늘 날씨는 매우 좋다.)
Jīntiān // tiānqì / hěn hǎo.

我 // 身体 / 很健康. (나는 몸이 매우 건강하다.)
Wǒ // shēntǐ / hěn jiànkāng.

부정문: 他 // 个子 / 不高. (그는 키가 크지 않다.)
Tā // gèzi / bù gāo.

我们 // 生活 / 不太习惯.
(우리들은 생활하기가 그리 익숙하지 않다.)
Wǒmen // shēnghuó / bú tài xíguàn.

2) 주술구조로 이루어진 주어

<table>
<tr><td>주어</td><td>술어</td><td rowspan="2">술어</td></tr>
<tr><td colspan="2">주어</td></tr>
</table>

위의 표에서와 같이 주어와 술어로 이루어진 구조가 한 문장 안에서 주어로 작용한다. [주어(주어+술어)+술어]의 구조를 이룬다.

我 / 走路 // 很慢. (내가 길을 가는 것이 매우 느리다.)
Wǒ / zǒulù // hěn màn.

免税店 / 买东西 // 很便宜(면세점에서 물건 사는 것이 매우 싸다.)
Miǎnshuìdiàn / mǎi dōng xi // hěn piányi.

他 / 做事 // 很高兴. (그는 일하는 것이 매우 즐겁다.)
Tā / zuòshì // hěn gāoxìng.

他 / 说话 // 非常快. (그가 말하는 것은 대단히 빠르다.)
Tā / shuōhuà // fēicháng kuài.

身体 / 好 // 很重要. (건강한 것이 매우 중요하다.)
Shēntǐ / hǎo // hěn zhòngyào.

3) 주술구조로 이루어진 목적어:

주어 + 동사 + 주어 + 술어 + (목적어)

<table>
<tr><td rowspan="3">주어</td><td colspan="2">술어</td></tr>
<tr><td rowspan="2">동사</td><td>목적어</td></tr>
<tr><td>주어 + 술어</td></tr>
</table>

위의 표와 같이 주술구조로 된 문장이 동사 뒤에 붙어 그 문장의 목적어로 작용한다. 이 때 동사는 "想, 以为, 认为, 知道, 希望, 相信, 看, 听, 说, 建议, 劝, 盼望" 등으로 감각 또는 심리활동을 나타낸다. [주어+술어(목적어: 주어+술어)]의 구조를 이룬다.

我知道 // 他昨天没来. (나는 그가 어제 오지 않았다는 것을 안다.)
Wǒ zhīdào // tā zuótiān méi lái.

我希望 // 你今天回来. (나는 당신이 오늘 돌아오기를 바랍니다.)
Wǒ xīwàng // nǐ jīntiān huí lái.

我相信 // 这件事是真的. (나는 이 일이 사실이라고 믿는다.)
Wǒ xiāngxìn // zhè jiàn shì shì zhēn de.

我盼望 // 他今天就来. (나는 그가 오늘 오기를 바란다.)
Wǒ pànwàng // tā jīntiān jiù lái.

我劝 // 他不要去. (나는 그에게 가지 말라고 권했다.)
Wǒ quàn // tā bú yào qù.

金老师建议 // 我去国外学习.
(김 선생님은 내가 외국에 가서 공부하기를 건의했다.)
Jīn lǎoshī jiànyì // wǒ qù guówài xuéxí.

2. 동목구조로 이루어진 주어, 목적어

开车要注意安全. (차를 운전할 때에는 안전에 주의해야 한다.)
Kāichē yào zhùyì ānquán.

我们开始写汉字吧. (우리 한자 쓰기를 시작합시다.)
Wǒmen kāishǐ xiě hànzì ba.

1) 동목구조로 이루어진 주어

"동사+목적어"로 이루어진 구조가 문장 안에서 주어로 작용한다. [주어(동사+목적어)]+술어의 구조를 이룬다.

认识您 // 很高兴. (당신을 알게 돼서 매우 기쁩니다.)
Rènshí nín // hěn gāoxìng.

看电影 // 是一种休息. (영화를 보는 것은 일종의 휴식이다.)
Kàn diànyǐng // shì yì zhǒng xiūxi.

2) 동목구조로 이루어진 목적어

"동사+목적어"구조가 문장 안에서 목적어로 작용한다. 주어+[목적어(동사+목적어)]의 구조를 이룬다.

现在开始 // 練习发音. (지금 발음연습을 시작한다.)
Xiànzài kāishǐ // liànxí fāyīn.

你同意 // 参加比赛吗? (당신은 시합에 참가하는데 동의합니까?)
Nǐ tóngyì // cānjiā bǐsài ma?

연습문제

* 다음 우리말을 중국어로 옮기시오.

1) 우리 할머니는 건강이 아주 좋으시다.

……………………………………………………………………

2) 그녀는 눈이 매우 큽니다.

……………………………………………………………………

3) 제주도는 풍경이 매우 아름답습니다.

……………………………………………………………………

4) 그가 일하는 것은 매우 적극적이고, 매우 진지합니다.

……………………………………………………………………

5) 여기에서 물건 사기가 아주 편리합니다.

……………………………………………………………………

6) 그녀는 요리하는 것이 아주 뛰어납니다.

……………………………………………………………………

7) 우리는 선생님께서 좀 빨리 수업을 끝내주시길 바란다.

……………………………………………………………………

8) 나는 그가 용감한 사람이라는 것을 안다.

……………………………………………………………………

9) 나는 이 의견이 틀리다는 것을 설명하려고 합니다.

……………………………………………………………………

10) 몸을 단련하는 것은 대단히 중요하다.

……………………………………………………………………

* 다음 단어를 어순에 알맞게 배열하세요.

1) 姑娘　真　头髮　那　黑　个

……………………………………………………………………

2) 希望　快　回　点儿　妈妈　来　我

……………………………………………………………………

3) 画儿　一　业余　种　是　画　活动

……………………………………………………………………

4) 我　希望　英语　你　学习

……………………………………………………………………

5) 我　知道　昨天　来　没　他

……………………………………………………………………

단어정리

奶奶(Nǎinai): 할머니.
眼睛(Yǎnjīng): 눈.
风景(Fēngjǐng): 풍경.
认真(Rènzhēn): 진지하다.
勇敢(Yǒnggǎn): 용감하다.
锻鍊(Duànliàn): 단련하다.
姑娘(Gūniáng): 아가씨.
活动(Huódòng): 활동.
英语(Yīngyǔ): 영어.
知道(Zhīdào): 알다.
健康(Jiànkāng): 건강, 건강하다.
济州岛(Jìzhōudǎo): 제주도.
积极(Jījí): 적극적이다.
便宜(Piányi): 싸다, 편리하다.
意见(Yìjiàn): 의견.
重要(Zhòngyào): 중요하다.
业余(Yèyú): 여가.
希望(Xīwàng): 희망하다, 바라다.
学习(Xuéxí): 학습하다.
昨天(Zuótiān): 어제.

제 6 과
시간명사와 명사술어문

명사, 명사 단어결합, 수량사 등이 술어의 주요성분이 되는 문장을 명사술어문이라 한다. 명사술어문에서 술어는 주어의 진행을 설명하거나 묘사하고, 일시, 날씨, 목적, 나이, 수량, 가격, 특징, 속성 등을 설명한다. 먼저 시간명사에 대해서 살펴보고 명사술어문에 대해서 논한다.

1. 시간명사

시간명사는 시간을 나타내는 명사 또는 명사구로 이루어지며, 시각을 표시하든지 또는 시간의 양을 나타내는 것이 있다. 시각을 표시하는 시간명사는 문장 안에서 부사어로 사용되며, 보통 동사 앞에 오지만, 강조할 경우 문장 앞에 올 수도 있다.

1) 시각 표시

오늘, 내일, 매일, 오전, 오후, 아침, 저녁, 9시, 10시 ~ 등등으로, 부사어로 동사 앞이나 주어 앞에 올 수 있다.

他昨天来了. (그는 어제 왔다.)
Tā zuótiān lái le.

我们九点上课. (우리는 9시에 수업한다.)
Wǒmen jiǔ diǎn shàngkè.

2) 시간의 양 표시

한 시간, 두 시간, 하루, 이틀, 일 년 ~ 등등으로, 시량보어로서 동사 뒤에 오며, 대부분 "수량사+시간명사"의 구조를 이룬다. 이 때 동사가 목적어를 수반하면 동사를 반복하고 반복된 동사 다음에 시간명사를 쓴다.

我每天早上运动一个小时.
(나는 매일 아침에 1시간 동안 운동한다.)
Wǒ měitiān zǎoshang yùndòng yí ge xiǎoshí.

一个月有三十一天. (한 달은 31일이다.)
Yí ge yuè yǒu sānshíyī tiān.

他病了两天. (그는 이틀 동안 아팠다.)
Tā bìng le liǎngtiān.

我们学校的老师们每个星期上课上四天的课.
(우리 학교의 선생님들은 매주 4일 수업하신다.)
Wǒmen xuéxiào de lǎoshīmen měi ge xīngqī shàngkè shàng sì tiān de kè.

2. 명사술어문

명사나 명사구, 수량사 등이 술어가 되는 문장을 명사술어문이라 한다. 명사술어문은 주로 날짜, 요일, 시간, 연령, 출신(지), 직업, 명절, 절기, 가격 등에 사용되며, 긍정문에서 판단동사 "是"를 사용하지 않아도 된다. 그러나 부정문일 경우에는 반드시 "不是"로 표현해야 한다.

今天星期几? (오늘은 몇 요일 입니까?)
Jīntiān xīngqī jǐ?

今天几月几号? (오늘은 몇 월 며칠 입니까?)
Jīntiān jǐ yuè jǐ hào?

现在几点? (지금 몇 시 입니까?)
Xiànzài jǐ diǎn?

你今年多大? (너는 금년에 몇 살이니?)
Nǐ jīnnián duōdà?

明天元旦. (내일은 신정이다.)
Míngtiān yuándàn.

今天春节. (오늘은 구정이다.)
Jīntiān chūnjié.

昨天阴天, 今天晴天. (어제는 흐린 날이었고, 오늘은 맑은 날이다.)
Zuótiān yīntiān, jīntiān qíngtiān.

这件衣服多少钱? (이 옷은 얼마입니까?)
Zhè jiàn yīfu duōshǎoqián?

他哪里人? (그는 어디 사람입니까?)
Tā nǎlǐrén?

他北京人. (그는 북경사람입니다.)
Tā běijīngrén.

명사술어문의 부정은 반드시 "不是"를 사용한다.

今天不是一月二十五号. (오늘은 1월 25일이 아니다.)

Jīntiān bú shì yī yuè èrshíwǔhào.

现在不是十一点十分钟. (지금은 11시 10분이 아니다.)

Xiànzài bú shì shíyīdiǎn shífēnzhōng.

他今年不是二十二岁. (그는 금년에 22살이 아니다.)

Tā jīnnián bú shì èrshíèr suì.

今天不是星期二. (오늘은 화요일이 아니다.)

Jīntiān bú shì xīngqīèr.

他不是上海人. (그는 상해사람이 아니다.)

Tā bú shì shànghǎirén.

연습문제

* 다음 우리말을 중국어로 옮기시오.

1) 우리는 매일 오후 5시에 수업이 끝난다.

....

2) 우리 엄마는 매일 저녁에 두 시간 동안 산보하신다.

....

3) 오늘은 2월 10일 일요일이다.

....

4) 나는 올해 스물 세 살이다.

....

5) 그는 북경이 사람이 아니다.

....

6) 당신은 어디 사람입니까?

....

7) 이 책은 얼마예요?

....

8) 오늘은 몇 월 며칠 몇 요일입니까?

....

9) 사과 한 근에 5원 30전이다.

....

10) 우리학교 도서관은 아침 7시에 문을 연다.

....

* 다음 단어를 어순에 알맞게 배열하세요.

1) 百货大楼 开 上午 门 十点

....

2) 我 三个小时 妹妹 学习 每 晚上 天

....

3) 下 不 月 十号 是 个 星期天

....

4) 八点 每天 我们 早上 上课

....

5) 星期三 五月 九号 是

....

단어정리

每天(Měitiān): 매일.
散步(Sànbù): 산보, 산보하다.
苹果(Píngguǒ): 사과.
图书馆(Túshūguǎn): 도서관.
门(Mén): 문.
妹妹(Mèimei): 여동생.
每天(Měitiān): 매일.
上课(Shàngkè): 수업하다.
下课(Xiàkè): 수업을 마치다.
星期天(Xīngqītiān): 일요일.
一斤(Yì jīn): 한근.
上午(Shàngwǔ): 오전.
百货大楼(Bǎihuòdàlóu): 백화점.
晚上(Wǎn shang): 저녁.
早上(Zǎoshang): 아침.
星期(三Xīngqīsān): 수요일.

제 7 과
의문문

1. 语气助词 '吗', '吧', '呢'를 사용한 의문문

1) 어기조사 '吗'를 사용한 의문문

평서문의 "긍정이나 부정+吗?"의 구조를 이룬다.

① 동사술어문+吗

他们看电影吗? (그들은 영화를 봅니까?)
Tāmen kàn diànyǐng ma?

你去商店买东西吗? (당신은 상점에 물건 사러 갑니까?)
Nǐ qù shāngdiàn mǎi dōngxi ma?

他们不看电影吗? (그들은 영화를 보지 않습니까?)
Tāmen bú kàn diànyǐng ma?

你是美国人吗? (당신은 미국 사람입니까?)
Nǐ shì měiguórén ma?

你不是中国人吗? (당신은 중국 사람이 아닙니까?)
Nǐ bú shì zhōngguórén ma?

② 형용사술어문+吗

他们忙吗? (그들은 바쁩니까?)
Tāmen máng ma?

你们学校远吗? (당신 학교는 멂니까?)
Nǐmen xuéxiào yuǎn ma?

③ 주술술어문+吗

你爸爸身体好吗? (당신 아빠는 건강하십니까?)
Nǐ bàba shēntǐ hǎo ma?

这儿空气好吗? (이 곳은 공기가 좋습니까?)
Zhèr kōngqì hǎo ma?

④ 명사술어문+吗

今天星期一吗? (오늘은 월요일 입니까?)
Jīntiān xīngqīyī ma?

现在九点半吗? (지금 9시 반 입니까?)
Xiànzài jiǔ diǎn bàn ma?

2) 어기조사 '吧'를 사용한 의문문

화자의 추측이나 추정을 나타낼 때 사용한다.

那个学生是英国人吧? (그 학생은 영국 사람이지요?)
Nà ge xuéshēng shì yīngguórén ba?

爸爸没出去吧? (아빠는 나가시지 않으셨지요?)
Bàba méi chūqù ba?

你头疼吧? (당신 머리 아프시지요?)
Nǐ tóuténg ba?

3) 어기조사 '呢'를 사용한 의문문

앞에서 제시한 내용을 반복해서 묻지 않고 생략하여 묻는 의문문이다. 즉 우리말의 "~은요?"에 해당한다.

你的电影票呢? (당신의 영화표는요?)
Nǐ de diànyǐngpiào ne?

我想去参观, 你呢? (나는 참관하러 가고 싶은데, 당신은요?)
Wǒ xiǎng qù cānguān, nǐ ne?

要是他不同意呢? (만약 그가 동의하지 않으면요?)
Yàoshì tā bù tóngyì ne?

2. 의문대명사를 사용한 의문문

의문대명사를 활용해서 만든 의문문은 주어 · 목적어 · 서술어 · 관형어 · 부사어 · 보어 등을 모두 물을 수 있다.

의문대상	의문대명사	의 미
사람	谁	누구
사물	什么 / 哪	무엇. 무슨, 어떤 / 어느
장소	哪儿, 哪里	어디
성질 · 상태	怎么样	어떻습니까?
방식 · 방법	怎么	어떻게
이유 · 원인	为什么, 怎么	왜, 어째서
시간	什么时候	언제
수량	多少 / 几	얼마 / 몇

의문대명사: 谁, 什么, 哪儿(哪里), 哪, 怎么, 怎么样, 几, 多少, 为什么, 什么时候.

谁今天没来? (누가 오늘 오지 않았니?)
Shéi jīntiān méi lái?

他是谁? (그는 누구입니까?)
Tā shì shéi?

谁是你的汉语老师? (누가 당신의 중국어 선생님 입니까?)
Shéi shì nǐ de hànyǔ lǎoshī?

这是什么书(이것은 무슨 책 입니까?)
Zhè shì shénme shū?

你看什么? (당신은 무엇을 봅니까?)
Nǐ kàn shénme?

你去哪儿? (당신은 어디에 갑니까?)
Nǐ qù nǎr?

你在哪儿工作? (당신은 어디에서 일합니까?)
Nǐ zài nǎr gōngzuò?

你喜欢哪本书? (당신은 어느 책을 좋아합니까?)
Nǐ xǐhuān nǎ běn shū?

你们是怎么来中国的? (여러분은 어떻게 중국에 왔습니까?)
Nǐmen shì zěnme lái zhōngguó de?

请问, 去火车站怎么走?
(말씀 좀 물읍시다, 기차역에 가려면 어떻게 갑니까?)
Qǐngwèn, qù huǒchēzhàn zěnme zǒu?

昨天看的那个电影怎么样? (어제 본 그 영화는 어땠습니까?)
Zuótiān kàn de nà ge diànyǐng zěnmeyàng?

他的病怎么样了? (그의 병은 어떻습니까?)
Tā de bìng zěnmeyàngle?

你要几本书? (당신은 몇 권의 책이 필요합니까?)
Nǐ yào jǐ běn shū?

你要几个? (당신은 몇 개 필요합니까?)
Nǐ yào jǐ ge?

你们班有多少(个)学生? (너희 반에는 몇 명의 학생이 있니?)
Nǐmen bān yǒu duōshǎo (ge) xuéshēng?

他昨天为什么没来? (그는 어제 왜 오지 않았니?)
Tā zuótiān wèishénme méi lái?

什么时候开学? (언제 개학합니까?)
Shénmeshíhòu kāixué?

你什么时候回来? (당신은 언제 돌아옵니까?)
Nǐ shénmeshíhòu huí lái?

您多大年纪了? (연세가 어떻게 되십니까?)
Nín duō dà niánjì le?

3. 의문부사를 사용한 의문문

의문부사 多는 "多+형용사"의 구조로 "얼마나 ~하는가?"라는 뜻을 나타낸다. 주로 정도나 분량 등을 물을 때 쓴다.

多(얼마나) + 형용사

多大? (얼마나 큰가? / 얼마나 나이를 먹었니?)
Duō dà?

多长? (얼마나 긴가?)
Duō cháng?

多高? (얼마나 높은가?)
Duō gāo?

多远? (얼마나 먼가?)
Duō yuǎn?

多快? (얼마나 빠른가?)
Duō kuài?

多厚? (얼마나 두꺼운가?)
Duō hòu?

多宽? (얼마나 넓은가?)
Duō kuān?

多深? (얼마나 깊은가?)
Duō shēn?

你奶奶今年多大年纪?
(너의 할머니는 금년에 연세가 어떻게 되시니?)
Nǐ nǎinai jīnnián duō dà niánjì?

这条路多长? (이 길은 얼마나 기니?)
Zhè tiáo lù duō cháng?

那棵树多高? (저 나무는 얼마나 높습니까?)
Nà kē shù duō gāo?

这条河多深? (이 강은 얼마나 깊습니까?)
Zhè tiáo hé duō shēn?

"多" 앞에 동사 有가 올 수 도 있는데, 이 때 有는 얼마나 되냐는 뜻으로 계량이나 정도를 나타낸다.

这个东西有多重? (이 물건은 얼마나 무겁니?)
Zhè ge dōng xi yǒu duō zhòng?

这个楼有多高? (이 건물은 얼마나 높니?)
Zhè ge lóu yǒu duō gāo?

4. 정반의문문(正反疑问文)

술어를 긍정과 부정으로 병렬하여 이루어진 의문문을 말한다.

你是不是中国留学生? (당신은 중국 유학생입니까?)
Nǐ shì bú shì zhōngguó liúxuéshēng?

这本书难不难? (이 책은 어렵습니까?)
Zhè běn shū nán bù nán?

你去不去日本? (당신은 일본에 갑니까?)
Nǐ qù bú qù rìběn?

你有没有时间? (당신은 시간 있습니까?)
Nǐ yǒu méiyǒu shíjiān?

这儿有没有空房间? (이 곳에 빈방 있습니까?)
Zhèr yǒu méiyǒu kòng fángjiān?

你喜(欢)不喜欢跳舞? (당신은 춤추기를 좋아합니까?)
Nǐ xǐ (huān) bù xǐhuān tiàowǔ?

你知(道)不知道他的电话号码?
(당신은 그의 전화번호를 앎니까?)
Nǐ zhī (dào) bù zhīdào tā de diànhuàhàomǎ?

这儿可(以)不可以照片? (여기에서 사진을 찍어도 됩니까?)
Zhèr kě (yǐ) bù kěyǐ zhàopiàn?

위의 3가지 예문처럼 술어가 喜欢, 知道, 好吃, 可以와 같은 이음절 동사, 형용사, 조동사일 경우 긍정형 부분의 제2음절은 생략할 수 있다.

5. 선택의문문

"(是) ~还是 ~?"(~이냐? 그렇지 않으면 ~이냐?)의 구조로 이루어지며, 묻고자 하는 상황이 두 가지 이상인 경우에 사용한다. 대답은 두 가지 중에서 한 가지만 선택하면 된다.

他是美国人还是英国人?
(그는 미국 사람이니 아니면 영국 사람이니?)
Tā shì měiguórén háishì yīngguórén?

你们(是)明天去还是后天去?
(너희들은 내일 가니 그렇지 않으면 모레 가니?)
Nǐmen (shì) míngtiān qù háishì hòutiān qù?

这是你的词典还是他的词典?
(이것은 너의 사전이니 그렇지 않으면 그의 사전이 니?)
Zhè shì nǐ de cídiǎn háishì tā de cídiǎn?

你喜欢听音乐还是喜欢看电影?
(당신은 음악 듣기를 좋아합니까 그렇지 않으면 영화 보기를 좋아합니까?)
Nǐ xǐhuān tīng yīnyuè háishì xǐhuān kàn diànyǐng?

6. 是不是를 사용한 의문문

어떤 사실을 확인하고 싶을 때 "是不是"를 사용하여 의문문을 만들 수 있다. 이 때 "是不是"는 주어와 술어 사이에 올 수도 있고, 문장 앞에 올 수 도 있으며, 또 문장 마지막에도 올 수 있다.

那本书很好, 是不是? (그 책은 매우 좋지, 그렇지?)
Nà běn shū hěn hǎo, shì bú shì?

是不是那本书很好? (그 책은 매우 좋았지?)
Shì bú shì nà běn shū hěn hǎo?

那本书是不是很好? (그 책은 매우 좋지?)
Nà běn shū shì bú shì hěn hǎo?

연습문제

* 다음 우리말을 중국어로 옮기시오.

1) 이 영화는 매우 재미있습니까?

....

2) 왕 선생님이 여러분에게 어법을 가르치시죠?

....

3) 이것은 내 모자인데, 당신 것은요?

....

4) 이것은 무슨 잡지입니까?

....

5) 당신은 지금 도서관에 갑니까? 그렇지 않으면 기숙사로 돌아갑니까?

....

6) 이거 어찌된 일이야?

....

7) 당신이 사고 싶은 것 사세요.

....

8)그는 어디에도 가고 싶어 하지 않는다.

....

9) 저 기념비는 얼마나 높습니까?

....

10) 이 길은 얼마나 넓습니까?

*** 다음 단어를 어순에 알맞게 배열하세요.**

1) 汉语　发音　的　怎么样　老师

....

2) 你　没　他　告诉　怎么

....

3) 你们　的　礼堂　学校　大　多　有

....

4) 你　几　书　本　要

....

5) 这　河　条　长　多

....

단어정리

语法(Yǔfǎ): 어법, 문법.
杂志(Zázhì): 잡지.
礼堂(Lǐtáng): 강당.
多(Duō): 얼마나.
帽子(Màozi): 모자.
纪念碑(Jìniànbēi): 기념비.
河(Hé): 강.

제 8 과
방위명사와 장소명사, 존재동사

1. 방위명사

방향 혹은 위치를 나타내는 명사를 방위명사라고 한다. 방위명사는 명사 뒤에 위치하여 장소나 시간을 나타내며, '面, 边, 头'를 붙여 구성한다. 이 때 이것들은 보통 경성으로 읽는다.

단순방위명사	边	面	头	间
上	上边	上面	上头	旁边
下	下边	下面	下头	中间
前	前边	前面	前头	
后	后边	后面	后头	
里	里边	里面	里头	
外	外边	外面	外头	
东	东边	东面		
西	西边	西面		
南	南边	南面		
北	北边	北面		
左	左边	左面		
右	右边	右面		

방위명사는 문장에서 주어, 목적어, 관형어, 부사어로 쓰일 수 있다.

下面是银行. (아래는 은행이다.) (주어)
Xià mian shì yínháng.

弟弟在南边, 哥哥在北边.
(남동생은 남쪽에 있고, 형은 북쪽에 있다.) (목적어)
Dì di zài nánbian, gē ge zài běibian.

您请前边坐. (당신 앞쪽에 앉으세요.) (부사어)
Nín qǐng qiánbian zuò.

2. 장소명사

장소를 나타내는 명사를 장소명사라 한다.

① 국가, 지명, 건물을 나타내는 고유장소명사와 일반장소명사, 그리고 '일반명사+방위명사'구조와 복합방위명사로 나눌 수 있다.

韩国: 고유장소명사

学校: 일반장소명사

桌子上: 일반명사+방위명사

上面: 복합방위명사

② 고유장소명사는 방위사 '里'를 붙이지 않지만, 일반장소명사 뒤에는 써도 되고 안 써도 된다.

北京里(×) 中国里(×) 亚洲里(×)

在学校里=在学校

③ 일반명사나 인칭대명사에 방위명사 "上", "里"나 지시대명사 "这

儿", "那儿"을 더해 장소화 할 수 있다. 이 때, "上"은 장소를 "면"으로 인식하고, "里"는 "공간"으로 인식한다. "这儿"은 화자와 가까운 곳을 가리키고, "那儿"은 화자에게서 먼 곳을 가리킨다.

书放在桌子上. (책이 책상 위에 놓여 있다.)
Shū fàng zài zhuōzi shang.

那本书不在我这儿. (그 책은 나 있는 곳에 있지 않다.)
Nà běn shū bú zài wǒ zhèr.

* 墙上, 黑板上, 操场上, 床上, 屋顶上, 书架上
屋子里, 抽屉里, 院子里, 房间里, 口袋里
学校+上边儿, 下边儿, 前边儿, 后边儿, 外边儿, 旁边儿

④ 장소명사는 술어나 보어를 제외한 각 종 문장성분으로 쓰인다. 특히 장소명사는 적절한 의미의 전치사와 결합하여 주로 부사어로 쓰인다. 장소명사나 방위명사가 주어로 쓰일 경우, 전치사 "在"를 더하지 않는다.

北京有故宫. (북경에는 고궁이 있다.) (주어)
Běijīng yǒu gùgōng.

* 在北京有故宫(在는 생략)
Zài běijīng yǒu gùgōng.

他现在在北京学习汉语. (그는 지금 북경에서 중국어를 공부한다.)
Tā xiànzài zài běijīng xuéxí hànyǔ.

3. 장소를 나타내는 대명사

这: 이, 이거	这儿	这里	여기, 이곳
那: 저, 저것	那儿	那里	저기, 저곳
哪: 어디,어느	哪儿	哪里	어디

他在哪儿? (그는 어디에 있니?)
Tā zài nǎr?

他在这儿. (그는 이곳에 있다.)
Tā zài zhèr.

他在那儿. (그는 저곳에 있다.)
Tā zài nàr.

* 수량: 这些 / 那些

* 성질,정도: 这么 / 那么

* 수단, 방식: 这样 / 那样

4. 존재동사

존재를 나타내는 동사 "有", "在", "是".

1) 有字文

① 소유: ~을 가지고 있다. ~을 지니고 있다. ~이 있다.

我有钱. (나는 돈을 가지고 있다.)
Wǒ yǒu qián.

他有两本书. (그는 두 권의 책을 가지고 있다.)
Tā yǒu liǎng běn shū.

我爸爸有一辆汽车. (내 아빠는 자동차 한 대를 가지고 있다.)
Wǒ bàba yǒu yí liàng qìchē.

我姐姐有三个孩子. (내 누나는 세 명의 아이가 있다.)
Wǒ jiějie yǒu sān ge háizi.

我有一个弟弟, 两个妹妹.
(나는 남동생 한 명과 여동생 두 명이 있다.)
Wǒ yǒu yí ge dì di, liǎng ge mèimei.

他有五个中国朋友. (그는 다섯 명의 중국 친구가 있다.)
Tā yǒu wǔ ge zhōngguó péngyǒu.

我家有五口人. (우리 집에는 다섯 식구가 있다.)
Wǒjiā yǒu wǔ kǒu rén.

② 포함, 함유

一个星期有七天. (일주일은 7일이다.)
Yí ge xīngqī yǒu qītiān.

一个月有三十一天. (한 달은 31일이다.)
Yí ge yuè yǒu sānshíyītiān.

一年有十二个月. (일 년은 12개월이다.)
Yì nián yǒu shíèr ge yuè.

一天有二十四个小时. (하루는 24시간이다.)
Yì tiān yǒu èrshísì ge xiǎoshí.

这本书有三百多页. (이 책은 300여 페이지이다.)
Zhè běn shū yǒu sānbǎi duō yè.

③ 존재

[장소명사(명사+방위사)+有+명사(사람 / 사물)] 즉 간략히 말하면 "장소+有+사람 / 사물"의 구조로 "~에 ~이 있다"는 뜻을 지니고 있다.

桌子上有一本书. (책상 위에 책 한 권이 있다.)
Zhuōzishang yǒu yì běn shū.

* (一本书在桌子上)
Yì běn shū zài zhuōzishang.

客厅里有客人. (응접실에 손님이 있다.)
Kètīngli yǒu kèrén.

* (客人在客厅里)
Kèrén zài kètīngli.

这儿有邮局. (이 곳에 우체국이 있다.)
Zhèr yǒu yóujú.

* (邮局在这儿)
Yóujú zài zhèr.

他那儿有汉英词典. (그가 있는 곳에는 중영사전이 있다.)
Tā nàr yǒu hànyīngcídiǎn.

楼上有洗手间. (위층에는 화장실이 있다.)
Lóu shàng yǒu xǐshǒujiān.

学校旁边有一个书店. (학교 옆에는 서점이 하나 있다.)
Xuéxiào pángbian yǒu yí ge shūdiàn.

教室里有很多学生. (교실에는 매우 많은 학생이 있다.)
Jiàoshìli yǒu hěnduō xuéshēng.

书架上有很多书, 有的是中文书, 有的是外文书.
(책꽂이에는 매우 많은 책이 있는데, 어떤 것은 중국어 책이고, 어떤 것은 외국어 책이다.)
Shūjiàshang yǒu hěnduō shū, yǒudeshì zhōngwénshū, yǒudeshì wàiwénshū.

④ 평가, 정도 표시

他很有办法. (그는 수단이 많다: 평가)
Tā hěn yǒu bànfǎ.

那条河有500米宽. (그 강의 넓이는 500미터에 달한다: 정도)
Nà tiáo hé yǒu wǔbǎimǐ kuān.

⑤ 발생, 출현

"有" 뒤에 동사가 목적어로 쓰일 때, 상황의 발생이나 변화를 나타낸다.

农民的生活水平有了很大的提高.
(농민의 생활수준은 많이 향상됐다: 변화)
Nóngmín de shēnghuó shuǐpíng yǒu le hěn dà de tígāo.

中国的经济有了很大的发展.
(중국 경제는 많은 발전이 있다: 변화)
Zhōngguó de jīngjì yǒu le hěn dà de fāzhǎn.

⑥ 有~了

시간의 경과를 나타내며, "~이 되다"라는 뜻을 지닌다.

他开始上班已有两个星期了.
(그가 출근하기 시작한지 벌써 두 주가 되었다.)
Tā kāishǐ shàngbān yǐ yǒu liǎng ge xīngqī le.

他来韩国已经有三年了. (그가 한국에 온 지 이미 3년이 되었다.)
Tā lái hánguó yǐjīng yǒu sānnián le.

불확실한 사람, 날짜, 사물 등을 나타내기도 하고, 사람, 날짜, 장소 등의 앞에 쓰여 부분적인 것을 나타내기도 한다.

有人在门外等你. (어떤 사람이 문 밖에서 너를 기다리고 있다.)
Yǒurén zài ménwài děng nǐ.

有一天她来了. (어느 날 그녀가 왔다.)
Yǒu yì tiān tā lái le.

他的发音有时好, 有时不好.
(그의 발음은 어떤 때는 좋고, 어떤 때는 좋지 않다.)
Tā de fāyīn yǒu shí hǎo, yǒu shí bù hǎo.

有人说过这样的话, "时间就是金钱".
(어떤 사람이 시간은 돈이라고 말한 적이 있다.)
Yǒurén shuōguò zhèyàng de huà, "shíjiān jiùshì jīnqián".

2) 在

[명사(사람 / 사물)+在+장소명사(명사+방위사)]의 구조이며, 간략히 말하면 "사람 / 사물+在+장소"로 "~이 ~에 있다"는 뜻을 지닌다.

一本书在桌子上. (책 한 권이 책상 위에 있다.)
Yì běn shū zài zhuōzishang.

客人在客厅里. (손님이 응접실에 있다.)
Kèrén zài kètīngli.

兩本杂志在这儿. (두 권의 잡지가 이곳에 있다.)
Liǎng běn zázhì zài zhèr.

王老师在家吗? (왕 선생님은 집에 계십니까?)
Wánglǎoshī zàijiā ma?

3) 是

[장소명사(명사+방위사)+是+장소명사(명사+방위사)]의 구조로 간략히 말하면 "장소+是+장소"로 "~은 ~이다"라는 뜻이다.

那儿是学校. (저곳은 학교이다.)
Nàr shì xuéxiào.

邮局对面是中国银行. (우체국 맞은편이 중국은행이다.)
Yóujú duìmiàn shì zhōngguóyínháng.

东边是一座山, 西边是一条河. (동쪽은 산이고, 서쪽은 강이다.)
Dōngbian shì yí zuò shān, xībian shì yì tiáo hé.

图书馆东边儿是大礼堂, 大礼堂旁边儿是体育馆
(도서관 동쪽은 대강당이고, 대강당 옆은 체육관이다.)
Túshūguǎn dōngbianr shì dà lǐtáng, dà lǐtáng pángbiānr shì tǐyùguǎn.

연습문제

* 다음 우리말을 중국어로 옮기시오.

1) 학교 앞에는 매우 많은 상점이 있다.

....

2) 내 방 안에는 한 개의 침대와 두 개의 탁자가 있다.

....

3) 한중사전은 그가 있는 곳에 있지 않다.

....

4) 수건은 호주머니 속에 있다.

....

5) 남학생 기숙사는 학교 밖에 있고, 여학생 기숙사는 학교 안에 있다

....

6) 여기는 백화점이고, 백화점 앞은 터미널이다.

....

7) 너희 집 맞은편이 우리 집이다.

....

8) 그녀의 옷은 모두 옷장 안에 있다.

....

9) 바구니 안에 매우 많은 사과가 있는데, 어떤 것은 크고, 어떤 것은 작다.

....

10) 그녀가 한국을 떠난 지 벌써 10년이 되었다.

....

* 다음 단어를 어순에 알맞게 배열하세요.

1) 的　钱包　一张　里　有　照片　我

………………………………………………………………………

2) 银行　电视台　右边　是

………………………………………………………………………

3) 邮局　南边　图书馆　在

………………………………………………………………………

4) 我　爸爸　一　辆　汽车　有

………………………………………………………………………

5) 邮局　我们学校　对面　是

………………………………………………………………………

단어정리

商店(Shāngdiàn): 상점.
床(Chuáng): 침대.
桌子(Zhuōzi): 탁자, 책상.
韩中词典(Hán zhōngcídiăn): 한중사전.
手帕(Shŏupà): 손수건.
口袋(Kŏudài): 호주머니.
衣柜(Yīguì): 옷장.
篮子(Lánzi): 바구니.
钱包(Qiánbāo): 지갑.
银行(Yínháng): 은행.
电视台(Diànshìtái): TV방송국.
邮局(Yóujú): 우체국.
右边(Yòubian): 오른쪽.
南边(Nánbian): 남쪽.
图书馆(Túshūguăn): 도서관.
汽车(Qìchē): 자동차.
对面(Duìmian): 맞은편.

제 9 과
연동문(連动文)

두 개 또는 두 개 이상의 동사나 동사구가 한 문장 안에 쓰여서 동일한 주어의 술어 역할을 할 경우, 이러한 동사술어문을 연동문이라 한다. [주어+동사1+(목적어1)+동사2+목적어2]의 구조를 이룬다. 연동문은 동작의 선후표시, 수단이나 방식표시, 목적표시 등등의 기능을 지니고 있다.

1. 동작의 선후표시

연이어 일어나는 동작을 차례로 나열한다.

我每天六点起床跑步. (나는 매일 6시에 일어나 달리기를 한다.)
Wǒ měitiān liùdiǎn qǐchuáng pǎobù.

他看完电视睡觉. (그는 TV를 다 보고 잠을 잔다.)
Tā kàn wán diànshì shuìjiào.

我回家吃饭. (나는 집에 돌아가 밥을 먹는다.)
Wǒ huí jiā chī fàn.

我等一会儿进去. (나는 좀 기다렸다가 들어간다.)
Wǒ děng yí huìr jìnqù.

你吃完饭打电话吧. (너는 밥을 다 먹고 전화해라.)
Nǐ chī wán fàn dǎ diànhuà ba.

你毕了业就去留学吗?
(당신은 졸업을 하고 나서 유학 갑니까?) (미래의 가정)
Nǐ bì le yè jiù qù liúxué ma?

2. 동작의 방식이나 수단 표시

주로 "用, 拿, 以" 등을 활용하며, "-가지고, -로" 등으로 번역한다.

中国人用中文说话. (중국 사람은 중국어로 말한다.)
Zhōngguórén yòng zhōngwén shuōhuà.

他用毛笔写汉字. (그는 붓으로 한자를 쓴다.)
Tā yòng máobǐ xiě hànzì.

他用左手写字. (그는 왼손으로 글자를 쓴다.)
Tā yòng zuǒshǒu xiě zì.

你拿这个干什么? (너 이걸로 뭐하게?)
Nǐ ná zhège gàn shénme?

他坐地铁去学校. (그는 전철을 타고 학교에 간다.)
Tā zuò dìtiě qù xuéxiào.

他骑自行车上班. (그는 자전거를 타고 출근한다.)
Tā qí zìxíngchē shàngbān.

3. 동작의 목적표시

후행동사 또는 동사구가 선행동사의 동작의 목적이 된다.

我去百货大楼买东西. (나는 물건을 사러 백화점에 간다.)
Wǒ qù bǎihuòdàlóu mǎi dōngxi.

他去邮局寄信. (그는 편지 부치러 우체국에 간다.)
Tā qù yóujú jì xìn.

我去火车站接朋友. (나는 친구를 맞이하러 기차역에 간다.)
Wǒ qù huǒchēzhàn jiē péngyǒu.

下午我们去电影院看电影, 好不好?
(오후에 우리 영화 보러 영화관에 가는 게 어때요?)
Xiàwǔ wǒmen qù diànyǐngyuàn kàn diànyǐng, hǎobù hǎo?

他买衣服穿. (그는 입을 옷을 산다.)
Tā mǎi yīfu chuān.

我倒水喝. (나는 마실 물을 따른다.)
Wǒ dào shuǐ hē.

我做饭吃. (나는 먹을 밥을 짓는다.)
Wǒ zuò fàn chī.

4. 有를 사용한 연동문

“有”는 항상 명사와 결합하여 사용되며 뒤의 동작의 발생, 원인 또는 조건을 나타낸다.

我有时间去找你. (나는 너를 찾아갈 시간이 있다.)
Wǒ yǒu shíjiān qù zhǎo nǐ.

我有书借给你. (나는 너에게 빌려줄 책이 있다.)
Wǒ yǒu shū jiè gěi nǐ.

他有事去中国. (그는 중국에 갈 일이 있다.)
Tā yǒu shì qù zhōngguó.

他有机会去美国. (그는 미국에 갈 기회가 있다.)
Tā yǒu jīhuì qù měiguó.

我有钱买这个. (나는 이것을 살 돈이 있다.)
Wǒ yǒu qián mǎi zhè ge.

5. 연동문의 부정

연동문의 부정은 선행되는 동사 앞에 부정부사 “不”를 둔다.

我们今天不去电影院看电影.
(우리는 오늘 영화 보러 극장에 가지 않는다.)
Wǒmen jīntiān bú qù diànyǐngyuàn kàn diànyǐng.

他不坐飞机去上海. (그는 비행기를 타고 상해에 가지 않는다.)
Tā bú zuò fēijī qù shànghǎi.

我没有时间出去玩儿. (나는 놀러 나 갈 시간이 없다.)
Wǒ méiyǒu shíjiān chū qù wánr.

我没有时间吃饭. (나는 밥 먹을 시간이 없다.)
Wǒ méiyǒu shíjiān chīfàn

我没有时间睡觉. (나는 잠 잘 시간이 없다.)
Wǒ méiyǒu shíjiān shuìjiào.

他没有衣服穿. (그는 입을 옷이 없다.)
Tā méiyǒu yīfu chuān.

6. 연동문에서 동작이 이미 완료되었음을 강조할 경우, 일반적으로 문장 끝에 어기조사 "了"를 쓰거나, 동태조사 "了"를 두 번째 동사 뒤에 둔다.

他们都去大礼堂听报告了.
(그들은 모두 대강당에 가서 보고회를 들었다.)
Tāmen dōu qù dàlǐtáng tīng bàogào le.

他们都去大礼堂听了一个报告.
(그들은 모두 대강당에 가서 보고회를 들었다.)
Tāmen dōu qù dàlǐtáng tīng le yí ge bàogào.

7. 동사성연합구가 술어로 쓰이는 경우는 연동문에 포함하지 않는다.

他们在写诗画画儿. (그들은 시를 쓰고 그림을 그리고 있다.)
Tāmen zài xiě shī huà huàr.

每天早上他打太极拳、散步.
(매일 아침에 그는 태극권을 하고, 산보를 한다.)
Měitiān zǎoshang tā dǎ tàijíquán, sànbù.

연습문제

* 다음 우리말을 중국어로 옮기시오.

1) 내 친구는 매일 자전거를 타고 수업하러 온다.

....

2) 엄마는 가위로 종이를 자르신다.

....

3) 그들은 공원에 가서 놀았습니다.

....

4) 그는 중국 친구와 중국어로 잡담을 합니다.

....

5) 내 여동생은 스스로 옷을 만들어 입습니다.

....

6) 나는 공항에 그를 마중 갈 시간이 없다.

....

7) 우리는 이 문제를 해결할 방법이 없다.

....

8) 당신은 이 책을 살 돈이 있어요?

....

9) 그녀는 귤을 사 먹고 싶어 한다.

....

10) 큰형은 엄마에게 돈을 달래서 쓴다.

....

* 다음 단어를 어순에 맞게 배열하세요.

1) 我　几　问题　老师　有　个　问

……………………………………………………………………

2) 他们　上海　坐　了　飞机　去

……………………………………………………………………

3) 同学们　讨论　中文　这　问题　个　用

……………………………………………………………………

4) 他　穿　没有　衣服

……………………………………………………………………

5) 他　左手　用　汉字　写

……………………………………………………………………

단어정리

自行车(Zìxíngchē): 자전거.
剪(Jiǎn): 자르다.
机场(Jīchǎng): 공항.
橘子(júzi): 귤.
问题(Wèntí): 문제, 질문.
讨论(Tǎolùn): 토론, 토론하다.
衣服(Yīfu): 옷.
汉字(Hànzì): 한자.
剪刀(Jiǎndāo): 가위.
聊天儿(Liáotiānr): 잡담하다, 한담하다.
接(Jiē): 맞이하다. (→送Sòng: 보내다).
大哥(dàgē): 큰형.
飞机(Fēijī): 비행기.
穿(Chuān): 입다, 신다.
左手(Zuǒshǒu): 왼손.

제 10 과
겸어문(谦语文)

1. 겸어문의 정의

한 문장 안에 두 개의 동사가 있고, 앞 동사의 목적어가 뒷 동사의 주어를 겸할 경우 이를 겸어라 하고, 이러한 동사술어문을 겸어문이라 한다.

2. 겸어문의 구조

주어 + 술어1 + 겸어(술어1의 목적어 / 술어2의 주어) + 술어2

他(주어)请(술어1)我(겸어)去(술어2). (그가 나더러 가라고 한다.)
Tā qǐng wǒ qù

他请你们来. (겸어: 你们) (그가 너희에게 오라고 한다.)
Tā qǐng nǐmen lái.

3. 사역 겸어문

첫 번째 술어에 "请, 让, 叫, 使, 派, 劝"과 같은 동사를 사용하여 "사역, 요청, 명령" 등을 나타낸다.

他们请我来. (그들이 나에게 오라고 한다.) (我: 겸어)
Tāmen qǐng wǒ lái.

我让他明天晚上来我这儿.
(나는 그에게 내일 저녁에 내가 있는 곳으로 오라고 했습니다.) (他: 겸어)
Wǒ ràng tā míngtiān wǎnshang lái wǒ zhèr.

老师叫我们念课文.
(선생님은 우리들에게 본문을 읽으라고 한다.) (我们: 겸어)
Lǎoshī jiào wǒmen niàn kèwén.

这个好消息使人兴奋得很.
(이 좋은 소식은 사람들을 매우 흥분하게 했다.) (人: 겸어)
Zhè ge hǎoxiāoxi shǐ rén xīngfèn de hěn.

他不让我替你唱歌.
(그는 나에게 너를 대신하여 노래하지 못하게 한다.)
Tā bú ràng wǒ tì nǐ chànggē.

他叫我带来一个照相机.
(그가 나에게 카메라 한 대 가지고 오라고 한다.)
Tā jiào wǒ dài lái yí ge zhàoxiàngjī.

他妈妈使人去打听消息.
(그의 엄마는 사람을 보내 소식을 알아보게 합니다.)
Tā māma shǐ rén qù dǎtīng xiāoxi.

学校派我们到美国去学习英语.
(학교에서 우리들을 미국으로 파견하여 영어를 공부하게 합니다.)
Xuéxiào pài wǒmen dào měiguó qù xuéxí yīngyǔ.

你应该劝他努力学习.
(당신은 마땅히 그에게 노력해서 공부하라고 권해야 합니다.)
Nǐ yīnggāi quàn tā nǔlì xuéxí.

4. 비사역 겸어문

첫 번째 술어에 사역이나 요구의 의미가 없는 동사를 사용하여 비사역 의미를 나타낸다.

1) 술어1이 "是, 不是"인 겸어문

첫 번째 술어인 是, 不是는 겸어에 대한 판단을 나타내고, 두 번째 술어는 겸어에 대하여 해석하거나 설명을 하며, 보통 주어가 생략된다.

是总经理请你. (사장님이 당신을 초청 한 겁니다.)
Shì zǒngjīnglǐ qǐng nǐ.

是同学们帮助你们. (학우들이 너희를 도와준 거다.)
Shì tóngxuémen bāngzhù nǐmen.

不是我叫你. (내가 너를 부른 것이 아니다.)
Bú shì wǒ jiào nǐ.

2) 술어1이 "有, 没有"인 겸어문

첫 번째 술어인 有, 没有는 겸어의 존재를 나타내고, 두 번째 술어는 겸어의 동작이나 상태를 나타낸다. 이때 겸어는 주로 사람을 가리키는 명사나 대명사이며, 주어는 생략할 수 있다.

我有一个哥哥很勇敢. (나는 매우 용감한 형이 하나 있다.)
Wǒ yǒu yí ge gē ge hěn yǒnggǎn.

外边有人敲门. (밖에 문을 두드리는 사람이 있다.)
Wàibian yǒurén qiāo mén.

没有人知道他去哪儿. (그가 어디에 갔는지 아는 사람이 없다.)
Méiyǒu rén zhīdào tā qù nǎr.

3) 술어1이 호칭이나 인정을 나타내는 겸어문

주로 첫 번째 술어로 "选(뽑다), 认(인정하다), 称(칭하다), 叫(부르다)" 등이 사용된다.

朋友们选他当代表. (친구들이 그를 대표로 선출했다.)
Péngyǒumen xuǎn tā dāng dàibiǎo.

我们称他为"足球迷". (우리는 그를 축구광이라고 부른다.)
Wǒmen chēng tā wéi "zúqiúmí".

4) 술어1에 일반동사가 오는 겸어문

첫 번째 술어에 일반동사가 오고, 그 목적어가 두 번째 술어의 주어 역할을 하는 경우이다.

她最讨厌我抽烟. (그녀는 내가 담배 피우는 것을 가장 싫어한다.)
Tā zuì tǎoyàn wǒ chōuyān.

我姐姐帮我做作业. (내 누나는 내가 숙제하는 것을 도와준다.)
Wǒ jiějie bāng wǒ zuò zuòyè.

5. 겸어문의 주의사항

① 부정부사 "不" 또는 "没有"는 앞에 오는 첫 번째 동사 앞에 둔다.

老师不让我参加篮球比赛.
(선생님은 나에게 농구시합에 참가하지 못하게 하신다.)
Lǎoshī bú ràng wǒ cānjiā lánqiúbǐsài.

我没请他来. (나는 그를 초청하지 않았다.)
Wǒ méi qǐng tā lái.

② 부사와 조동사는 첫 번째 동사 앞에 둔다.

老师常常请我们吃饭. (선생님은 자주 우리들에게 밥을 사줍니다.)
Lǎoshī chángcháng qǐng wǒmen chīfàn.

我想让他学汉语. (나는 그에게 중국어를 배우라고 하려고 한다.)
Wǒ xiǎng ràng tā xué hànyǔ.

③ 두 번째 동사 뒤에 보어를 사용할 수 있다.

妈妈让她洗得很干净.
(엄마는 그녀에게 매우 깨끗하게 빨라고 하신다.)
Mā ma ràng tā xǐ de hěn gānjìng

연습문제

* 다음 우리말을 중국어로 옮기시오.

1) 현숙이는 나에게 도서관에 와서 그녀를 찾으라고 했다.

....

2) 김 선생님은 우리들을 돌아가게 했다.

....

3) 그의 말은 나를 매우 감동시켰다.

....

4) 나에게는 중국어를 매우 잘하는 친구가 하나 있다.

....

5) 이 일은 확실히 우리들로 하여금 대단히 기쁘게 했다.

....

6) 선생님께서 나에게 사무실에 가서 반 친구들의 성적표를 가지고 오라 하셨다.

....

7) 이번에 우리는 그를 대표로 뽑지 않았다.

....

8) 누가 당신 더러 이렇게 하라고 했어요?

....

9) 사장이 그에게 이 일을 책임지도록 했다.

....

10) 우리 할머니는 나를 며칠 더 머물게 하신다.

....

* 다음 단어를 어순에 알맞게 배열하세요.

1) 老师　我们　鼓励　汉语　学习

……………………………………………………………………

2) 爸爸　让　抽烟　我　不

……………………………………………………………………

3) 你　电话　立刻　小张　来　叫　接

……………………………………………………………………

4) 她　喝酒　讨厌　我　最

……………………………………………………………………

5) 老师　让　我　不　足球比赛　参加

……………………………………………………………………

단어정리

感动(Gǎndòng): 감동하다.
成绩单(Chéngjī dān): 성적표.
总经理(Zǒngjīnglǐ): 사장.
奶奶(Nǎinai): 할머니.
抽烟(Chōuyān): 담배를 피우다.
讨厌(Tǎoyàn): 싫어하다.
参加(Cānjiā): 참가하다.
办公室(Bàngōngshì): 사무실.
代表(Dàibiǎo): 대표.
负责 (fùzé): 책임지다.
鼓励(Gǔlì): 격려하다.
立刻(Lìkè): 곧, 즉시.
足球比赛(ZúqiúBǐsài): 축구시합.

제 11 과
"把"자문(把字文)

1. "把"자문의 정의

본동사의 뒤에 놓이는 목적어를 개사 把의 목적어로 하여 동사의 앞에 두고, 이 개사구가 동사에 대해 상황어의 역할을 하는 구조이다.

2. 기본구조

[주어 + 把 + 목적어 + 동사 + 기타성분]

我洗那件衣服了. (Wǒ xǐ nà jiàn yīfu le. 나는 그 옷을 빨았다.)

라는 문장을 "把"자문으로 바꾸면 다음과 같다.

我 / 把 / 那件衣服 / 洗 / 了. (나는 옷을 빨았다.)
Wǒ / bǎ / nà jiàn yīfu / xǐ / le.

더 구체적으로 몇 가지 예를 들면 아래와 같다.

她把窗户关上了. (그녀는 창문을 닫았다.)
Tā bǎ chuānghù guānshàngle.

她把练习作完了. (그녀는 연습을 다했다.)
Tā bǎ liànxí zuò wán le.

我把照相机带来了. (나는 카메라를 가지고 왔다.)
Wǒ bǎ zhàoxiàngjī dài lái le.

他把这篇文章背得很熟了.
(그는 이 문장을 매우 익숙하게 외웠다.)
Tā bǎ zhè piān wénzhāng bèi de hěn shú le.

我把这个消息告诉他. (나는 이 소식을 그에게 알려준다.)
Wǒ bǎ zhè ge xiāo xi gàosù tā.

3. 부사, 조동사, 부정사는 "把" 앞에 둔다.

我不想把这件事告诉他. (나는 이 일을 그에게 알리고 싶지 않다.)
Wǒ bù xiǎng bǎ zhè jiàn shì gàosù tā.

我昨天把那本小说还给她了.
(나는 어제 그 소설을 그녀에게 돌려주었다.)
Wǒ zuótiān bǎ nà běn xiǎoshuō huán gěi tā le.

他没把钥匙放在我这儿. (그는 열쇠를 나 있는 곳에 두지 않았다.)
Tā méi bǎ yàoshi fàng zài wǒ zhèr.

别把衣服挂在这儿. (옷을 여기에 걸지 마라.)
Bié bǎ yīfu guà zài zhèr.

你能把你的鞋拿到阳台上去吗?
(당신은 당신의 신발을 베란다로 가지고 갈 수 있습니까?)
Nǐ néng bǎ nǐ de xié ná dào yángtáishang qù ma?

你可以把菜放在桌子上. (당신은 음식을 탁자 위에 두어도 됩니다.)
Nǐ kěyǐ bǎ cài fàng zài zhuōzishang.

我早就把作业做完了. (나는 벌써 숙제를 다 했다.)
Wǒ zǎojiù bǎ zuòyè zuò wán le.

4. 동사 뒤에 결과보어로 "到, 在, 成, 给" 등과 같은 말이 올 때는 "把"자문을 사용한다.

1) [주어 + 把 + 목적어 + 동사 在 / 到 + 장소]

她把邮票贴在信封上了. (그녀는 우표를 편지봉투에 붙였다.)
Tā bǎ yóupiào tiē zài xìnfēngshang le.

他把椅子拿到楼上去了. (그는 의자를 위층으로 가지고 갔다.)
Tā bǎ yǐzi ná dào lóushàng qù le.

2) [주어 + 把 + 목적어 + 동사 成 + 변신한 것]

那个魔術师把花儿变成小鸟儿了.
(저 마술사는 꽃을 작은 새로 변화시켰다.)
Nà ge móshùshī bǎ huār biànchéng xiǎoniǎor le.

他把美元换成人民币了. (그는 달러를 인민폐로 바꾸었다.)
Tā bǎ měiyuán huàn chéng rénmínbì le.

3) [주어 + 把 + 목적어 + 동사 给 + 대상]

我把火车票交给了他. (나는 기차표를 그에게 건네주었다.)
Wǒ bǎ huǒchēpiào jiāogěi le tā.

他把我们介绍给大家. (그는 우리들을 모두에게 소개했다.)
Tā bǎ wǒmen jièshào gěi dàjiā.

5. "把"자문에서 기타성분으로 복합방향보어도 올 수 있다.

我能把汽车开进去吗?
(내가 자동차를 운전해 들어갈 수 있습니까?)
Wǒ néng bǎ qìchē kāi jìnqù ma?

请把这些画儿挂上去吧. (이런 그림을 걸어 두세요.)
Qǐng bǎ zhèxiē huàr guàshàng qù ba.

6. "把" 자문의 동사 뒤에는 결과보어나 방향보어 외에 "一下", "了", "一遍" 등을 쓸 수 있고, 또 동사를 중첩할 수도 있다.

주어	부사어	把	목적어	동사	기타성분
我		把	衣服	洗	一下
他	已経	把	咖啡	喝	了
我		把	課文	念	了一遍
你		把	桌子	擦	一擦

7. 존재표시, 관계표시, 행위 혹은 심리 표시를 나타내는 다소의 동사들은 "把"자문을 쓸 수 없다.

- 有, 在, 姓, 是, 为, 像, 等于, 相同.
- 旅行, 服务, 合作, 游泳, 祝贺, 觉得, 认为, 知道.

8. 가능보어는 "把"자문에 쓸 수 없다.

我把这件事办不好. (×)
我不能把这件事办好. (○)
(Wǒ bù néng bǎ zhè jiàn shì bàn hǎo.)

我把作业做得完. (×)
我能把作业做完. (○)
(Wǒ néng bǎ zuòyè zuò wán.)

연습문제

* 다음 우리말을 중국어로 옮기시오.

1) 나는 그 소설을 다 봤다.

....

2) 그 사전을 나에게 건네주세요.

....

3) 그는 이 소식을 나에게 알려주지 않았다.

....

4) 나는 오늘 처리해야 할 일을 다 처리했다.

....

5) 나는 아직 돈을 그에게 돌려주지 않았다.

....

6) 당신이 그를 공항까지 데려다 주세요.

....

7) 나는 중국에서 찍은 사진을 부모님께 부쳐드릴 생각이다.

....

8) 중국에 여행 갔을 때 나는 여권을 잃어버렸다.

....

9) 이 방안의 공기가 그다지 좋지 않으니 어서 창문을 열어라.

....

10) 나는 사 온 우유를 냉장고에 두었다.

....

* 다음 단어를 어순에 알맞게 배열하세요.

1) 我 椅子 把 搬 外边 到 没有 去

....

2) 他 汽车 门口 把 停 在 了

....

3) 你 地址 的 把 一下 记 他

....

4)我 把 擦掉 已经了 黑板上 字 的

....

5) 我 当做 把 我的 她 姐姐

....

단어정리

小说(Xiǎoshuō): 소설.
消息(Xiāoxī): 소식.
照片(Zhàopiàn): 사진.
空气(Kōngqì): 공기.
牛奶(Niúnǎi): 우유.
椅子(Yǐzi): 의자.
门口(Ménkǒu): 입구.
擦(Cā): 닦다.
当做(Dàngzuò): ~로 간주하다. ~로삼다.
姐姐(Jiě jie): 누나.
词典(Cídiǎn): 사전.
机场(Jīchǎng): 공항.
护照(Hùzhào): 여권.
窗户(Chuānghù): 창문.
冰箱(Bīngxiāng): 냉장고.
搬(Bān): 옮기다.
地址(Dìzhǐ): 주소.
黑板(Hēibǎn): 칠판.

제 12 과
피동문(被動文)

중국어에서 피동문은 두 가지 종류가 있는데, 피동의 표시 단어가 없는 의미상의 피동문과 "被" 등 피동의 단어가 있는 피동문으로 구분할 수 있다.

1. 문장에서 피동의 표시 단어가 없는 의미상으로만 피동을 나타내는 "의미상의 피동문"

구조는 [주어+동사+기타성분]으로 이루어지며, 주어 자리에 보통 "동작의 주체"가 오지만, "동작의 주체"가 아닌 "동작의 대상"이 올 때가 있는데, 이를 의미상의 피동문이라 한다. 술어로 쓰인 동사는 보통 조동사 또는 동태조사 了, 过 등이 따라온다.

예를 들면 우리말에서는 보통 "편지를 다 썼다"라고 말하지 "편지가 다 씌어졌다"라고 말하지 않는다. 중국어에서도 이와 같다.

信已经写完了. (편지를 이미 다 썼다.)
Xìn yǐjīng xiě wán le.

饭已经做好了. (밥이 이미 다 됐다.)
Fàn yǐjīng zuò hǎo le.

电影票卖完了. (영화표가 다 팔렸다.)
Diànyǐngpiào mài wán le.

衣服洗干净了. (옷은 깨끗하게 빨렸다.)
Yīfu xǐ gānjìng le.

这个问题已经解决了. (이 문제는 이미 해결되었다.)
Zhè ge wèntí yǐjīng jiějué le.

2. 피동을 나타내는 개사 "被, 让, 叫, 给"을 사용한 피동문: 혹은 "被字文"이라 부르기도 한다.

1) 구조

[동작의 주체+被+동작의 대상+동사+기타성분]의 구조로 "~에 의해 ~되다"의 뜻을 나타낸다.

술어 동사는 간단한 동사가 아니라 일반적으로 동태조사 了, 过, 보어, 목적어, 부사어, 조동사 등과 함께 쓰여 동작의 결과, 정도, 시간 등을 설명한다.

被动文은 주어가 어떤 동작이나 행위의 영향으로 인해 받게 된 결과나 변화를 강조한다. 따라서 부가성분을 동반하지 않는 동사를 단독으로 사용할 수 없다. 부가성분으로 조사 了, 过, 보어들이 올 수 있다. 단 조사 着과 가능보어는 被动文에 쓸 수 없다.

小孩儿打碎窗户了. (어린아이가 창문을 깨뜨렸다.) (평서문)
Xiǎoháir dǎsuì chuānghù le.

窗户被小孩儿打碎了. (창문은 어린아이에 의해 깨졌다.) (被字文)
Chuānghù bèi xiǎoháir dǎsuì le.

좀 더 예를 들면 다음과 같다.

我的自行车被弟弟骑走了. (내 자전거는 남동생이 타고 가버렸다.)
Wǒ de zìxíngchē bèi dìdi qízǒu le.

我被爸爸批评了一顿. (나는 아빠에게 한 번 꾸지람을 들었다.)
Wǒ bèi bàba pīpíng le yí dùn.

我的钱包被小偷儿偷走了. (내 지갑은 도둑이 훔쳐가 버렸다.)
Wǒ de qiánbāo bèi xiǎotōur tōu zǒu le.

那个孩子被哥哥打了. (그 아이는 형에게 맞았다.)
Nà ge háizi bèi gēge dǎ le.

我们被老师批评过. (우리는 선생님에게 꾸지람을 들은 적이 있다.)
Wǒmen bèi lǎoshī pīpíngguò.

钱被哥哥花光了. (돈은 형이 다 써버렸다.)
Qián bèi gēge huāguāng le.

我被他们吓了一跳. (나는 그들 때문에 깜짝 놀랐다.)
Wǒ bèi tāmen xià le yí tiào.

那本小说昨天让人借走了. (그 소설은 어제 남이 빌려 가버렸다.)
Nà běn xiǎoshuō zuótiān ràng rén jièzǒu le.

我的电动车叫哥哥骑到学校去了.
(내 전동차는 형이 학교에 타고 가버렸다.)
Wǒ de diàndòngchē jiào gēge qí dào xuéxiào qù le.

我的钢笔给别人用坏了.
(내 만년필은 다른 사람이 쓰다 망가뜨렸다.)
Wǒ de gāngbǐ gěi biérén yòng huài le.

2) 동작의 주체를 구체적으로 말할 필요가 없을 때는 일반적 지칭인 "人"으로 대신할 수 있다.

那只大象被人牵走了. (그 코끼리는 사람에게 끌려갔다.)
Nà zhī dàxiàng bèi rén qiān zǒu le.

你这么老实, 会被人欺负的.
(당신이 이렇게 정직하면 남에게 속임을 당할 것이다.)
Nǐ zhème lǎoshi, huì bèi rén qīfù de.

3) 동작의 주체를 밝힐 필요가 없거나 주체가 일반적인 사람들일 경우, 被 다음에 동작의 주체를 생략할 수 있다. 즉 被의 목적어인 행위주체가 누구인지 알 수 없거나 밝히고 싶지 않은 경우에는 생략이 가능하다.

这本书昨天被借走了. (이 책은 어제 대출되었다.)
Zhè běn shū zuótiān bèi jiè zǒu le.

他被选为国际交流处主任了.
(그는 국제교류처 주임에 선출되었다.)
Tā bèi xuǎn wéi guójìjiāoliúchù zhǔrèn le.

那辆汽车被撞坏了. (그 자동차는 부딪쳐 부숴졌다.)
Nà liàng qìchē bèi zhuàng huài le.

那个故事渐渐地被忘了. (그 이야기는 점점 더 잊혀졌다.)
Nà ge gùshì jiànjiàn de bèi wàng le.

4) 부정부사, 부사, 조동사 등은 被 앞에 둔다.

我从来没有被妈妈打过. (나는 여태껏 엄마에게 맞아 본적이 없다.)

Wǒ cónglái méiyǒu bèi māma dǎguò.

那只老鼠不会被猫儿抓住(그 쥐가 고양이에게 잡힐 리가 없다.)
Nà zhī lǎoshǔ bú huì bèi māor zhuā zhù.

那个小孩儿也被狗咬了. (그 아이도 개한테 물렸다.)
Nà ge xiǎoháir yě bèi gǒu yǎo le.

那个工人违反纪律, 可能被开除了.
(그 노동자는 규율을 위반하여, 아마 해고당했을 것이다.)
Nà ge gōngrén wéifǎn jìlǜ, kěnéng bèi kāichú le.

5) 被 ~给 + 동사 + 기타성분 (给이 붙으면 보다 구어적이라 할 수 있다.)

我的自行车被他给骑走了. (내 자전거는 그가 타고 가버렸다.)
Wǒ de zìxíngchē bèi tā gěi qí zǒu le.

苹果被他给吃光了. (사과를 그가 다 먹어버렸다.)
Píngguǒ bèi tā gěi chīguāng le.

6) "被(为) ~所 ~"의 형식

所는 피동을 나타내는 개사 被나 为와 어울려 쓰이며, 이 때 被나 为 뒤의 성분은 동작의 행위자를 나타내고, 所뒤의 동사는 이 행위자의 행동이나 동작을 나타낸다. 이는 주로 서면어에 많이 사용한다.

我被这情景所感动了. (나는 이 광경에 감동받았다.)
Wǒ bèi zhè qíngjǐng suǒ gǎndòng le.

她深深地为这幅画所吸引. (그녀는 이 그림에 깊이 끌렸다.)
Tā shēn shēn de wéi zhè fú huà suǒ xīyǐn.

7) 让, 叫, 给 등의 활용

让, 叫, 给은 被보다 구어적이어서 회화체에 많이 사용된다.

衣服让树枝挂破了. (옷이 나뭇가지에 걸려 찢어졌다.)
Yīfu ràng shùzhī guà pò le.

这个谜语叫小学生猜着了.
(이 수수께끼는 초등학생이 알아 맞췄다.)
Zhè ge míyǔ jiào xiǎoxuéshēng cāizháo le.

门给风吹开了. (문이 바람에 열렸다.)
Mén gěi fēngchuī kāi le.

剩下的东西给拿走了. (남은 물건은 다른 사람이 가져갔다.)
Shèng xià de dōngxi gěi ná zǒu le.

8) 被와 让, 叫, 给의 차이점

被는 뒤에 오는 동작의 주체를 생략할 수 있지만, 让, 叫, 给은 생략할 수 없다.

电影票可能被卖了. (영화표는 아마 팔렸을 것이다.)
Diànyǐngpiào kěnéng bèi mài le.

衣服让挂破了. (×) → 衣服让树枝挂破了.
(옷이 나뭇가지에 걸려 찢어졌다.)
Yīfu ràng shùzhī guà pò le.

我的话叫听见了. (×)→ 我的话叫他听见了.
(내 말을 그가 엿들었다.)
Wǒ de huà jiào tā tīngjiàn le.

9) 把字文과 被动文의 구분

他骑走了我的自行车. (그가 내 자전거를 타고 갔다.)
Tā qí zǒu le wǒ de zìxíngchē.

他把我的自行车骑走了. (把字文)
Tā bǎ wǒ de zìxíngchē qí zǒu le.

我的自行车被他骑走了. (被动文)
Wǒ de zìxíngchē bèi tā qí zǒu le.

연습문제

* 다음 우리말을 중국어로 옮기시오.

1) 이 문제는 그 사람 혼자서 해결할 수 있다.

....

2) 이 물건들은 다른 사람들에게 들키지 않았다.

....

3) 과일은 그들이 다 먹었다.

....

4) 컴퓨터는 동생이 고장냈다.

....

5) 이 배추 몇 포기를 벌레가 갉아 먹었다.

....

6) 그들은 선생님께 칭찬받은 적이 있다.

....

7) 그 책상은 학생에 의해 그 방으로 옮겨갔다.

....

8) 주머니 안에 넣었던 휴대폰을 도둑이 훔쳐가버렸다.

....

9) 이 작품은 우수작품으로 평가되었다.

....

10) 그 가로등은 버스에 부딪쳐 망가졌다.

....

*** 다음 단어를 어순에 알맞게 배열하세요.**

1) 给　淋湿　了　衣服　雨

……………………………………………………………………

2) 被　大家　她　了　说服

……………………………………………………………………

3) 被　大家　他　熟悉　作品　的　所

……………………………………………………………………

4) 被　热水　了　她　烫

……………………………………………………………………

5) 哭声　被　惊醒　妹妹　了

……………………………………………………………………

단어정리

解决(Jiějué): 해결하다.
电脑(Diànnǎo): 컴퓨터.
白菜(Báicài): 배추.
虫子(Chóngzi): 벌레.
表扬(Biǎoyáng): 칭찬하다.
手机(Shǒujī:): 휴대폰.
偷(Tōu): 훔치다.
优秀(Yōuxiù): 우수하다.
公共汽车(Gōnggòngqìchē): 버스.
说服(Shuōfú): 설득하다.
烫(Tàng): 데다.
惊醒(Jīngxǐng): 놀라 깨다.
水果(Shuǐguǒ): 과일.
坏(Huài): 고장나다, 망가뜨리다.
棵(Kē): 포기.
咬坏(Yǎohuài): 갈아먹다.
搬(Bān): 옮기다.
小偷(Xiǎotōu): 도둑.
作品(Zuòpǐn): 작품.
路灯(Lùdēng): 가로등.
淋湿(Línshī): 젖다.
热水(Rèshuǐ): 따뜻한 물.
哭声(Kūshēng): 우는 소리.

제 13 과
비교문(比较文)

비교문은 비교주체(주어)와 비교대상 간의 차별, 동일, 유사, 우열 등의 비교 관계를 표시하는 문장이다.

1. 比를 사용한 비교문

1) 두 개의 사물을 비교하여 그 결과를 표시한다.

[A+ 比 + B + 비교의 결과(정도의 차이)]
[A는 B보다 ~하다]

他比我高. (그는 나보다 키가 크다.)
Tā bǐ wǒ gāo.

今天比昨天热. (오늘은 어제보다 덥다.)
Jīntiān bǐ zuótiān rè.

这本书比那本书便宜. (이 책은 저 책보다 싸다.)
Zhè běn shū bǐ nà běn shū piányi.

2) 부정은 比 앞에 부정부사 不를 붙인다.

[A + 不比 + B + 비교의 결과(정도의 차이)] [A는 B보다 ~하지 않다]

他不比我高. (그는 나보다 크지 않다.)
Tā bù bǐ wǒ gāo.

这本书不比那本书贵. (이 책은 저 책보다 비싸지 않다.)
Zhè běn shū bù bǐ nà běn shū guì.

汽车不比飞机快. (자동차는 비행기보다 빠르지 않다.)
Qìchē bù bǐ fēijī kuài.

3) 형용사 앞에 更, 还를 써서 비교의 결과가 "더욱 ~하다"를 표시한다. 更이 A · B를 비교해 객관적으로 B쪽이 "보다 ~하다"임에 비해, 还은 말하는 이의 기분, 감정놀람이나 과장 등을 동반하여 사용한다. 很, 非常 등 정도부사는 사용할 수 없다.

他比我更大. (그는 나보다 더 나이가 많다.)
Tā bǐ wǒ gèng dà.

这个比那个还贵. (이것이 저것 보다 더 비싸다.)
Zhè ge bǐ nà ge hái guì.

这个办法比那个办法更好. (이 방법이 저 방법 보다 더 좋다.)
Zhè ge bànfǎ bǐ nà ge bànfǎ gèng hǎo.

今天比昨天还冷. (오늘이 어제 보다 더 춥다.)
Jīntiān bǐ zuótiān hái lěng.

4) 형용사 다음에 수량을 표시하여 비교의 차이를 구체적으로 표시한다. 확실한 차이를 나타낸다.

哥哥比弟弟大三岁. (형이 동생 보다 3살 많다.)
Gēge bǐ dìdi dà sān suì.

弟弟比哥哥小三岁. (동생이 형 보다 3살 작다.)
Dìdi bǐ gēge xiǎo sān suì.

这个西瓜比那个重一斤. (이 수박은 저것 보다 한 근 무겁다.)
Zhè ge xīguā bǐ nà ge zhòng yì jīn.

他比我多买了一本词典. (그는 나보다 사전 한 권을 더 샀다.)
Tā bǐ wǒ duō mǎi le yì běn cídiǎn.

5) 비교의 결과 그 차이가 적을 때는 형용사 뒤에 "一点儿", "一些"를 쓰고, 차이가 심할 때는 "~得多", "多了"를 쓴다.

这本书比那本书贵一点儿. (이 책은 저 책 보다 좀 비싸다.)
Zhè běn shū bǐ nà běn shū guì yìdiǎnr.

这块石头比那块石头重一些. (이 돌은 저 돌 보다 좀 무겁다.)
Zhè kuài shítou bǐ nà kuài shítou zhòng yì xiē.

这座山比那座山高得多. (이 산은 저 산보다 훨씬 높다.)
Zhè zuò shān bǐ nà zuò shān gāo de duō.

他比以前胖多了. (그는 이전 보다 훨씬 뚱뚱해졌다.)
Tā bǐ yǐqián pàng duō le.

6) 동사 앞에 早, 晚, 多, 少를 써서 비교의 결과를 나타낸다.

他比我早来了十分钟. (그는 나 보다 10분 일찍 왔다.)
Tā bǐ wǒ zǎo lái le shí fēn zhōng.

我们班的学生比你们班的学生少五个.
(우리 반의 학생은 너희 반의 학생 보다 5명 적다.)
Wǒmen bān de xuéshēng bǐ nǐmen bān de xuéshēng shǎo wǔ ge.

7) 比를 이용한 비교문에 "정도보어" 문장이 있을 경우 "比+비교되는 사물"은 동사 앞에 놓일 수 도 있고, 보어 앞에 놓일 수 도 있다.

他比我来得早. (그는 나 보다 일찍 왔다.)
Tā bǐ wǒ lái de zǎo.

他来得比我早. (그는 나 보다 일찍 왔다.)
Tā lái de bǐ wǒ zǎo.

她今天来得比昨天晚一点儿.
(그녀는 오늘 어제 보다 조금 늦게 왔다.)
Tā jīntiān lái de bǐ zuótiān wǎn yìdiǎnr.

8) 정도보어를 가진 동사가 목적어를 가지고 있을 경우, "比+비교되는 사물"은 중복된 동사 앞에 놓을 수도 있고, 보어 앞에 놓을 수도 있다.

他说汉语比我说得流利. (그는 중국어를 나 보다 유창하게 한다.)
Tā shuō hànyǔ bǐ wǒ shuō de liúlì.

他说汉语说得比我流利. (그는 중국어를 나 보다 유창하게 한다.)
Tā shuō hànyǔ shuō de bǐ wǒ liúlì.

2. 최상급의 비교문

[무엇보다도 ~하다], [가장 ~하다]

1) 最를 사용한 비교문

北京秋天天气最好. (북경은 가을 날씨가 가장 좋다.)
Běijīng qiūtiān tiānqì zuì hǎo.

他最喜欢听音乐. (그는 음악 듣는 것을 가장 좋아한다.)
Tā zuì xǐhuān tīng yīnyuè.

2) 의문대명사를 사용한 최상급

[A + 比 + 의문대명사 + 都 + 형용사] [A는 ~보다도 ~하다]

她比谁都聪明. (그녀는 누구보다도 총명하다.)
Tā bǐ shéi dōu cōngmíng.

这个比哪个都好. (이것은 어느 것 보다도 좋다.)
Zhè ge bǐ nǎ ge dōu hǎo.

3. 有를 사용한 비교문

[A + 有 + B (这么: 가까운 것 / 那么: 먼 것) + 비교의 결과] [A는 B만큼 (이렇게 / 저렇게) ~하다]

1) 정도의 비슷함을 나타낸다.

妹妹有我这么胖. (여동생은 나만큼 이렇게 뚱뚱하다.)
Mèimei yǒu wǒ zhème pàng.

我弟弟有他那么大. (내 동생은 그만큼 그렇게 키가 크다.)
Wǒ dìdi yǒu tā nàme dà.

这间屋子有那间那么大. (이 방은 저 방만큼 그렇게 크다.)
Zhè jiān wūzi yǒu nà jiān nàme dà.

我的车有你的车新. (내 차는 당신 차만큼 새 것이다.)
Wǒ de chē yǒu nǐ de chē xīn.

2) 부정

[A + 没有 + B (这么 / 那么) + 비교의 결과] [A는 B만큼 (이렇게 / 저렇게) ~하지 않다]

我弟弟没有他那么大. (내 동생은 그만큼 그렇게 키가 크지 않다.)
Wǒ dì di méiyǒu tā nàme dà.

他没有你那么细心. (그는 너만큼 그렇게 세심하지 않다.)
Tā méiyǒu nǐ nàme xìxīn.

3) 의문문

① ~吗?

他弟弟有我这么高吗? (그의 동생은 나만큼 이렇게 큽니까?)
Tā dìdi yǒu wǒ zhème gāo ma?

② ~有没有 ~?

他弟弟有没有我这么高? (그의 동생은 나만큼 이렇게 큽니까?)
Tā dìdi yǒu méiyǒu wǒ zhème gāo?

4) 比와 有의 비교

① 他没有我大. (그는 나만큼 나이를 먹지 않았다.)
Tā méiyǒu wǒ dà.

= 他比我小. (그는 나 보다 어리다.)
Tā bǐ wǒ xiǎo.

② 他不比我大. (그는 나 보다 나이가 많지 않다.)
Tā bù bǐ wǒ dà.

= 他跟我一样大. (그는 나와 나이가 같다.)
Tā gēn wǒ yí yàng dà.

= 他比我小. (그는 나 보다 어리다.)
Tā bǐ wǒ xiǎo.

4. 비교의 결과가 같음을 나타낼 때

[A 跟 B ~ 一样] / [A 和 B ~ 一般]
[A와 B는 같다]

이는 모두 비교의 결과가 같음을 나타낸다.

我的钢笔跟他的一样. (나의 만년필은 그의 것과 같다.)
Wǒ de gāngbǐ gēn tā de yí yàng.

他的意见跟你的一样. (그의 의견은 당신과 같다.)
Tā de yìjiàn gēn nǐ de yí yàng.

我的录音机跟他的一样. (나의 녹음기는 그의 것과 같다.)
Wǒ de lùyīnjī gēn tā de yí yàng.

그러나 "A 跟 B ~ 一样"의 구조에서 "一样" 대신에 "差不多"나 "相似"를 써서 비교 결과가 유사함을 나타낼 수 있다; [A 跟 B ~差不多], [A 跟 B ~相似](A와 B는 비슷하다)

他买的大衣跟你的差不多. (그가 산 외투는 너의 것과 비슷하다.)
Tā mǎi de dàyī gēn nǐ de chàbùduō.

王平的样子跟李立的样子相似, 我常常分不清楚. (왕핑의 모습과 리리의 모습이 비슷하여, 나는 항상 분명하게 분간할 수 없다.)
Wángpíng de yàngzi gēn lǐlì de yàngzi xiāngsì, wǒ chángcháng fēn bù qīng chu.

1) 부정

[A 跟 B ~ 不一样]
[A와 B는 같지 않다]

他的皮包跟我的不一样. (그의 가방은 내 것과 같지 않다.)
Tā de píbāo gēn wǒ de bù yí yàng.

这个字跟那个字的用法不一样.
(이 글자와 저 글자의 용법은 다르다.)
Zhè ge zì gēn nà ge zì de yòngfǎ bù yí yàng.

3) "跟 ~ 一样"은 수식어로도 사용되어 부사적(부사어), 또는 형용사적(관형어), 보어 용법으로 쓰인다.

① 부사어 : 일반적으로 구조조사 地를 쓰지 않는다.

我跟他一样喜欢小说. (나는 그처럼 소설을 좋아한다.)
Wǒ gēn tā yí yàng xǐhuān xiǎoshuō.

他跟我一样高. (그는 나처럼 키가 크다.)
Tā gēn wǒ yí yàng gāo.

② 형용사적(관형어) : 반드시 구조조사 的를 쓴다.

我要买一本跟他那本一样的中文书.
(나는 그의 저 책과 같은 중국어 책 한 권을 사려고 한다.)
Wǒ yào mǎi yì běn gēn tā nà běn yí yàng de zhōng wén shū.

③ 보어

她长得跟她母亲一样. (그녀는 그녀 엄마처럼 생겼다.)
Tā zhǎng de gēn tā mǔqīn yí yàng.

她长得跟她母亲一样漂亮. (그녀는 그녀 엄마처럼 아름답게 생겼다.)
Tā zhǎng de gēn tā mǔqīn yí yàng piàoliang.

4) 의문문

① 他的意见跟你的一样吗? (그의 의견은 당신과 같습니까?)
Tā de yìjiàn gēn nǐ de yí yàng ma?

② 他的意见跟你的一样不一样? (그의 의견은 당신과 같습니까?)
Tā de yìjiàn gēn nǐ de yí yàng bù yí yàng?

5. 비교의 결과가 유사함을 나타내는 경우

[像 ~ 一样]
[마치 ~와 같다]

이 때 像은 단독으로 쓰여 술어가 되어, 비교의 대상과 유사함을 나타낼 수 있다. 그리고 비교대상 뒤에 형용사나 동사 술어를 놓아 비교대상이 유사한 정도를 나타낼 수 있다.

他像他爸爸(그는 그의 아빠를 닮았다.)
Tā xiàng tā bàba.

他不像他爸爸. (그는 그의 아빠를 닮지 않았다.)
Tā bú xiàng tā bàba.

他的衣服像我的一样. (그의 옷은 내 것과 같다.)
Tā de yīfu xiàng wǒ de yí yàng.

他好像他哥哥一样. (그는 마치 그의 형과 같다.)
Tā hǎoxiàng tā gēge yí yàng.

他的眼睛好像他母亲似的. (그의 눈은 마치 그의 엄마와 같다.)
Tā de yǎnjīng hǎoxiàng tā mǔqīn shì de.

他像他爸爸那么高. (그는 그의 아빠처럼 그렇게 키가 크다.)
Tā xiàng tā bàba nàme gāo.

她的眼睛像她妈妈的那么好看. (그녀의 눈은 그녀의 엄마처럼 그렇게 아름답다)(那么 대신에 那样도 쓸 수 있다.)
Tā de yǎnjīng xiàng tā māma de nàme hǎokàn.

6. [A + 不如 + B]: [A는 B만 못하다]

不如는 주어가 비교 대상보다 못함을 나타낸다. 不如는 동사로 문장 가운데서 단독으로 술어가 될 수 있다. 부정은 [A+ 没有+ B]이다.

坐汽车不如坐飞机. (자동차를 타는 것이 비행기를 타는 것만 못하다.)
Zuò qìchē bù rú zuò fēijī.

他不如你. (그는 너만 못하다.)
Tā bù rú nǐ.

看电视不如看电影. (TV 보는 것이 영화 보는 것만 못하다.)
Kàn diànshì bù rú kàn diànyǐng.

我不如他高. (나는 그처럼 키가 크지 않다.)
Wǒ bù rú tā gāo.

坐船不如坐火车快. (배를 타는 것이 기차를 타는 것 보다 빠르지 않다.)
Zuò chuán bù rú zuò huǒchē kuài.

연습문제

* 다음 우리말을 중국어로 옮기시오.

1) 그의 연필은 나의 것 보다 길다.

....

2) 이 쉐타는 저 쉐타보다 훨씬 아름답다.

....

3) 우리들은 그들보다 빠르게 걷습니다.

....

4) 나는 너 보다 옷 한 벌을 더 입었다.

....

5) 이런 종류의 사과는 저런 종류만큼 그렇게 달다.

....

6) 기차를 타는 것이 비행기를 타는 것만큼 그렇게 편안하지 않습니다.

....

7) 이 만년필의 값은 저 만년필의 값과 같다.

....

8) 그녀의 치마는 나의 치마와 같지 않다.

....

9) 비행기는 무엇보다도 빠르다.

....

10) 이것을 사는 것이 저것을 사는 것보다 수지가 맞다.

....

* 다음 단어를 어순에 알맞게 배열하세요.

1) 他　好像　长　似的　得　父亲　他

……………………………………………………………………

2) 哥哥　厘米　弟弟　高　十　比

……………………………………………………………………

3) 他　一样　夫人　游泳　跟　他　喜欢

……………………………………………………………………

4) 今天　像　夏天　一样　气温　热

……………………………………………………………………

5) 她　样子　中国人　一样　像　的

……………………………………………………………………

단어정리

铅笔(Qiānbǐ): 연필.
苹果(Píngguǒ): 사과.
价钱(Jiàqián): 값, 가격.
合算(Hésuàn): 수지맞다.
厘米(límǐ): 센티미터(cm)=公分(Gōngfēn).
游泳(Yóuyǒng): 수영하다, 헤엄치다.
气温(Qìwēn): 기온.
毛衣(Máoyī): 쉐타.
甜(Tián): 달다.
裙子(Qúnzi): 치마.

제 14 과
양사(兩词)

사람이나 사물 혹은 동작을 세는 단위를 나타내는 단어를 양사라고 한다. 양사에는 사람이나 사물 등의 단위를 나태내는 명량사가 있고, 동작의 횟수를 나타내는 동량사가 있다. 여기에서는 동량보어에서 동량사를 소개하고 있어서 이는 제외하고, 나머지 명량사만을 소개한다.

1. 개체 양사

① 个(ge): 가장 광범위하게 사용되는 양사로 사람이나 사물에 거의 사용된다. 때로는 다른 양사 대신 사용되기도 한다.

一个人(Yí ge rén)(한 사람),
一个月(Yí ge yuè)(한 달),
一个星期(Yí ge xīngqī)(일 주일)

② 位(Wèi): 사람을 나타내는 명사 앞에 쓰여 존경을 표시한다. 반드시 位 다음에는 이음절어가 와야 한다. 즉 "一位人"이라고는 할 수 없다.

一位客人(Yíwèikèrén)(손님 한 분),
一位老师(Yíwèilǎoshī)(선생님 한 분)

③ 本(Běn): 책을 세는 단위.

一本书(Yìběnshū)(책 한 권),
一本杂志(Yìběnzázhì)(잡지 한 권),
一本词典(Yìběncídiǎn)(사전 한 권)

④ 件(Jiàn): 옷이나 일, 짐 등을 세는 단위.

一件衣服(Yíjiànyīfu)(옷 한 벌),

一件事(Yíjiànshì)(한 가지 일),

一件行李(Yíjiànxíngli)(짐 하나)

⑤ 张(Zhāng): 펼칠 수 있는 사물, 면이 넓은 사물을 세는 단위. 즉 넓고 평평한 것을 세는 단위.

一张纸(Yìzhāngzhǐ)(종이 한 장),
两张画(Liǎngzhānghuà)(그림 두 장),
一张报(Yìzhāngbào)(신문 한 장),
一张桌子(Yìzhāngzhuōzi)(탁자 하나),
一张床(Yì zhāng chuáng)(침대 하나)

⑥ 支(Zhī): 가늘고 둥근 모양의 사물이나 부대, 대오를 세는 단위.

一支铅笔(Yìzhīqiānbǐ)(연필 한 자루),
一支香烟(Yìzhīxiāngyān)담배 한 개 피),
一支军队(Yìzhījūnduì)(하나의 부대)

⑦ 条(Tiáo): 가늘고 긴 물체를 세는 단위.

一条路(Yìtiáolù)(길 하나),
一条河(Yìtiáohé)(강 하나),
一条裤子(Yìtiáo kùzi)(바지 하나)

⑧ 把(Bǎ): 손잡이가 있는 사물을 세는 단위.

一把刀(Yìbǎdāo)(칼 하나),
一把椅子(Yìbǎyǐzi)(의자 하나),
一把伞(Yì bǎsǎn)(우산 하나)

⑨ 只(Zhī): 동물을 세거나 쌍을 이룬 물건 중 하나를 셀 때 사용한다. 또 배나 상자를 셀 때도 사용한다.

一只鸟(Yìzhīniǎo)(새 한 마리),
一只鸡(Yìzhījī)(닭 한 마리),
一只鞋(Yìzhīxié)(신발 한짝),
一只手套(Yìzhīshǒutào)(장갑 한 짝),
一只船(Yìzhīchuán)(배 한 척),
一只箱子(Yìzhīxiāngzi)(상자 하나)

⑩ 间(Jiàn): 칸으로 된 방이나 교실 등을 세는 단위.

一间屋子(Yì jiān wū zi)(방 한 칸),
一间教室(Yì jiān jiàoshì)(교실 한 칸)

⑪ 座(Zuò): 크고 고정된 물건을 세는 단위.

一座山(Yízuòshān)(산 하나),
一座塔(Yízuòtǎ)(탑 하나),

一座桥(Yízuòqiáo)(다리 하나),
一座大楼(Yízuòdàlóu)(한 동의 빌딩)

⑫ 棵(Kē): 식물을 세는 단위. 포기나 그루.

一棵草(Yikēcǎo)(풀 한 포기),
一棵树(Yikēshù)(나무 한 그루),
一棵白菜(Yikēbáicài)(배추 한 포기)

⑬ 朵(Duǒ): 꽃, 구름 따위를 세는 단위. 송이, 점 등의 의미를 지님.

一朵花(Yìduǒhuā)(꽃 한 송이),
两朵云(Liǎngduǒyún)(구름 두 점)

⑭ 辆(Liàng): 차량을 셀 때 사용하는 단위.

一辆汽车(Yíliàngqìchē)(자동차 한 대),
一辆自行车(Yíliàngzìxíngchē)(자전거 한 대)

⑮ 块(Kuài): 덩어리, 조각 모양의 물체, 돈 등을 세는 단위.

一块石头(Yíkuàishítou)(돌 한 덩어리),
一块肉(Yíkuàiròu)(고기 한 덩어리),
一块肥皂(Yíkuàiféizào)(비누 하나),
一块钱(Yíkuàiqián)(일 원)

⑯ 面(Miàn): 평평한 물체 혹은 넓적한 면을 지닌 물체를 세는 단위.

一面镜子(Yímiànjìngzi)(거울 하나),
一面旗(Yímiànqí)(한 폭의 깃발)

⑰ 台(Tái): 기계 등을 세는 단위.

一台收音机(Yìtáishōuyīnjī)(라디오 한 대),
一台电脑(Yìtáidiànnǎo)(컴퓨터 한 대)

⑱ 口(Kǒu): 식구, 마리, 마디의 의미로 식구나 가축을 셀 때 또는 아가리가 있는 물건을 셀 때 혹은 입에서 나오거나 넣는 것을 셀 때 사용한다.

三口人(Sānkǒurén)(세 식구),
一口水(Yìkǒushuǐ)(물 한 모금),
一口井(Yìkǒujǐng)(우물 하나),
说一口流利的北京话(Shuōyìkǒuliúlìdeběijīnghuà)
(베이징 말을 유창하게 하다)

⑲ 包(Bāo): 갑, 봉지 등의 의미로 포장의 단위.

一包香烟(Yìbāoxiāngyān)(담배 한 갑),
一包糖(Yìbāotáng)(사탕 한 봉지)

⑳ 袋(Dài): 포대, 부대, 자루의 뜻으로 부대에 넣은 물건을 세는 단위.

一袋米(Yídàimǐ)(쌀 한 자루),
一袋食品(Yídàishípǐn)(음식 한 봉지),
一袋面(Yídàimiàn)(밀가루 한 포대)

㉑ 头(Tóu): 소나 양 등 가축의 수를 나타내는 단위.

一头牛(Yìtóuniú)(소 한 마리),
一头羊(Yìtóuyáng)(양 한 마리)

㉒ 匹(Pǐ): 말, 낙타 등 탈 수 있는 가축과 비단, 천 등의 길이를 세는 단위.

一匹马(Yìpǐmǎ)(말 한 필),
三匹駱驼(Sānpǐluòtuó)(낙타 세 필),
一匹布(Yìpǐbù)(천 한필),
一匹丝绸(Yìpǐsīchóu)(비단 한 필)

㉓ 颗(Kē): 알, 방울. 둥글고 알맹이 모양과 같은 것을 세는 단위.

一颗豆子(Yìkēdòuzi)(콩 한 알),
兩颗绿豆(Liǎngkēlǜdòu)(녹두 두 알),
一颗心(Yìkēxīn)(한 조각 마음)

㉔ 根(Gēn): 가늘고 긴 물건을 세는 단위.

一根棍子(Yìgēngùnzi)(막대기 하나)

㉕ 滴(Dī): 액체방울을 세는 단위.

一滴血(Yìdīxiě)(피 한 방울),
一滴眼泪(Yìdīyǎnlèi)(눈물 한 방울),
一滴汗(Yìdīhàn)(땀 한 방울)

㉖ 所(Suǒ): 집이나 학교 등을 세는 단위.

一所房子(Yìsuǒfángzi)(집 한 채),
一所学校(Yìsuǒxuéxiào)(하나의 학교)

㉗ 家(Jiā): 점포나 영업장소를 나타냄.

一家商店(Yìjiāshāngdiàn)(상점 하나),
一家银行(YìjiāYínháng)(은행 하나),
一家医院(Yìjiāyīyuàn)(병원하나)

㉘ 顶(Dǐng): 꼭대기가 있는 물건을 세는 단위.

一顶帽子(Yìdǐngmàozi)(모자 한 개)

㉙ 扇(Shàn): 짝, 틀, 폭, 장. 문, 창문, 유리, 병풍 등을 세는 단위.

一扇门(Yíshànmén)(문 한 짝),
一扇窓(Yíshànhuāng)(창문 한 짝),
一扇玻璃(Yíshànbōli)(한 장의 유리),
兩扇屛风(Liǎngshànpíngfēng)(두 폭의 병풍)

㉚ 堆(Duī): 무더기를 세는 단위.

一堆东西(Yìduīdōngxi)(물건 한 무더기),
一堆垃圾(Yìduīlājī)(쓰레기 한 무더기)

㉛ 粒(Lì): 타원형이거나 둥글면서 작은 과립형의 물건을 세는 단위.

一粒米(Yílìmǐ)(쌀 한 톨),
一粒沙子(Yílìshāzi)(모래 한 알)

㉜ 段(Duàn): 일정한 구간이나 단락을 나타내는 단위.

一段时间(Yíduànshíjiān)(일단의 시간),
一段路(Yíduànlù)(일단의 길),
一段文章(Yíduànwénzhāng)(일단의 문장)

2. 집합양사

① 双(Shuāng): 쌍을 이룬 것을 나타내는 단위.

一双鞋(Yìshuāngxié)(신발 한 켤레),
一双手套(Yìshuāngshǒutào)(장갑 한 켤레)

② 对(Duì): 쌍을 이룬 것을 세는 단위이며, 서로 다른 것 끼리 짝을 이룬 것에 사용한다. 동일한 성질의 것으로 짝을 이룬 것에는 사용할 수 없다.

一对夫妇(Yíduìfūfù)(한 쌍의 부부),
一对鸳鸯(Yíduìyuānyāng)(한 쌍의 원앙),
一对鹦鹉(Yíduìyīngwǔ)(한 쌍의 앵무새)

③ 副(Fù): 쌍, 세트. 같은 종류의 쌍의 것.

一副眼镜(Yífùyǎnjìng)(안경 하나),
一副耳环(Yífùěrhuán)(귀걸이 한 쌍),
一副对联(Yífùduìlián)(대련 한 쌍)

④ 套(Tào): 한 세트, 한 조. 의상이나 가구, 책의 여러 권으로 되어 있는 것.

一套沙发(Yítàoshāfā)(소파 한 세트),
一套百科全书(Yítàobǎikē quánshū)(백과전서 한 세트),
一套茶具(Yítàochájù)(다구 한 세트)

⑤ 批(Pī): 한데 모인 것.

一批人(Yìpīrén)(한 무리 사람),
一批学生(Yìpīxuéshēng)(한 무리 학생)

⑥ 群(Qún): 무리, 떼지어 있는 것.

一群羊(Yìqúnyáng)(한 무리 양),
一群孩子(Yìqúnháizi)(한 무리 아이들)

3. 차용(용기)양사

① 杯(Bēi): 잔을 나타내는 단위.

一杯酒(Yìbēijiǔ)(술 한 잔), 一杯茶(Yìbēichá)(차 한 잔)

② 壶(Hú): 주전자를 단위로 함.

一壶茶(Yìhúchá)(차 한 주전자), 一壶酒(Yìhújiǔ)(술 한 주전자)

③ 瓶(Píng): 병을 나타냄.

一瓶酒(Yìpíngjiǔ)(술 한 병), 一瓶饮料(Yìpíngyǐnliào)(음료 한 병)

④ 碗(Wǎn): 그릇을 나타냄.

一碗饭(Yìwǎnfàn)(밥 한 그릇),
一碗面条(Yìwǎnmiàntiáo)(국수 한 그릇)

4. 준양사

양사 없이 직접 수사와 결합할 수 있다.

一年(Yì nián)(일년), 一天(Yì tiān)(하루),
一(个)星期(Yí ge xīng qī)(일 주일),
一(个)小时(Yí ge xiǎo shí)(한 시간),
一分(Yì fēn)(일분), 一秒(Yì miǎo)(일초)

5. 부정양사

부정양사는 정해져 있지 않은 수량을 표시하는 양사로서 "些"와 "点儿"의 두 가지가 있다. "些"와 "点儿"의 용법은 다음과 같다.

① "些"와 "点儿"은 형용사와 동사 뒤에서 보어로도 사용될 수 있으며, "좀, 약간의"라는 뜻을 지닌다.

他的情况我听说了一些. (그의 상황을 나는 좀 들었다.)
Tā de qíngkuàng wǒ tīng shuō le yì xiē.

我觉得今天暖和一点儿了. (나는 오늘 좀 따뜻하다고 생각한다.)
Wǒ juéde jīntiān nuǎnhuo yì diǎnr le.

他的病好些(点儿)了. (그의 병은 좀 나아졌다.)
Tā de bìng hǎoxiē (diǎnr) le.

以后注意些(点儿). (앞으로 좀 조심하세요.)
Yǐhòu zhùyì xiē (diǎnr).

② "些"와 "点儿"의 앞에는 수사 "一"만이 올 수 있다.

一点儿水(Yìdiǎnrshuǐ)(조금의 물),
一点儿礼物(Yìdiǎnrlǐwù)(조금의 선물)
一些香蕉(Yìxiēxiāngjiāo)(약간의 바나나),
一些朋友(Yìxiēpéngyǒu)(약간의 친구)

③ "点儿(Diǎnr)"은 오직 사물에만 쓸 수 있지, 사람에게는 쓸 수 없다 .

一点儿朋友(×).

④ "些(Xiē)"는 사람이나 사물 모두 사용할 수 있다.

一些书(Yìxiēshū)(약간의 책), 一些客人(Yìxiēkèrén)(약간의 손님)

⑤ "些"와 "点儿"은 这, 那, 哪 등의 지시대사 다음에 올 수 있다.

这点东西(Zhè diǎn dōng xi)(이 약간의 물건),
哪些地方(Nǎ xiē dìfāng)(어느 곳)

我现在一点儿办法也没有. (나는 지금 조금의 방법도 없다.)
Wǒ xiànzài yì diǎnr bànfǎ yě méiyǒu.

这些人都是你的朋友吗? (이 사람들이 모두 당신 친구 입니까?)
Zhè xiē rén dōu shì nǐ de péngyǒu ma?

⑥ "一些"를 문장 앞에 쓰려면 "有(一)些"라고 해야 한다. "一点儿"는 문장 앞에 쓸 때를 제외하고는 "点儿"로 줄여 쓸 수 있다.

有些本子不是我的, 是他的.
(어떤 노트는 내 것이 아니고, 그의 것이다.)
Yǒu xiē běnzi bú shì wǒ de, shì tā de.

6. 수사 半과 양사의 위치

① 정수가 없을 때는 半이 양사 앞에 위치한다. (양사 앞에 숫자가 없는 경우): [半+양사+명사]

半杯酒(Bànbēijiǔ)(술 반잔),
半张纸(Bànzhāngzhǐ)(종이 반장),
半个西瓜(Bàngexīguā)(수박 반쪽),
半个月(Bàngeyuè)(반달),
半个小时(Bàngexiǎoshí)(30분),
半个钟头(Bàngezhōngtóu)(30분),
半年(Bànnián)(반년),
半瓶酒(Bànpíngjiǔ)(술 반병),
半斤肉(Bànjīnròu)(고기 반근),
半只鸡(Bànzhījī)(닭고기 반 마리)

② 정수가 있을 때 半은 양사 뒤, 명사 앞에 위치한다. (양사 앞에 숫자가 있는 경우): [숫자+양사+半+명사]

一杯半酒(Yìbēibànjiǔ)(술 한 잔 반),
一张半纸(Yìzhāngbànzhǐ)(종이 한 장 반),
兩个半西瓜(Liǎnggebànxīguā)(수박 두개 반),

一个半月(Yígebànyuè)(한 달 반),
一个半小时(Yígebànxiǎoshí)(한 시간 반),
三年半(Sānniánbàn)(3년 반),
三瓶半酒(Sānpíngbànjiǔ)(술 3병 반),
两斤半肉(Liǎngjīnbànròu)(고기 두 근 반).

7. 多와 양사의 위치

① 1의 자리 수가 '0'일 때: [多+양사+명사]

这双皮鞋要三十多块钱. (이 신발은 30여원을 주었다.)
Zhè shuāng píxié yào sānshí duō kuài qián.

马老师四十多岁了. (마 선생님은 40여세 이다.)
Mǎ lǎoshī sìshí duō suì le.

三百多天. (Sānbǎi duō tiān)(300여일),
六十多课. (Liù shí duō kè)(60여과)

② 1의 자리 수가 '1 ~ 9'일 때: [양사+多+명사]

他们学习了两个多小时. (그들은 두 시간 정도 공부했다.)
Tāmen xuéxí le liǎng ge duō xiǎoshí.

五分多. (Wǔfēnduō)(5분 정도),
三公斤多肉. (Sāngōngjīnduōròu)(고기 3근 반 정도),
八岁多(Bāsuìduō)(8살 정도),
五天多(Wǔtiānduō)(5일 정도),
四课多. (Sìkèduō)(네과 정도)

8. 二와 兩의 활용

① 양사 앞에는 兩(liǎng)을 쓴다.

兩个学生(Liǎnggexuéshēng)(두 명의 학생),
兩本书(Liǎngběnshū)(두 권의 책),
兩只老虎(Liǎngzhīlǎohǔ)(호랑이 두 마리),
兩次(Liǎngcì)(두 번), 兩国(Liǎngguó)(양국).

② 양사 앞이라도 두 자리 이상의 숫자일 때는 "二"를 쓴다.

十二个客人(Shíèrgekèrén)(12명의 손님),
二十二本书(Èrshíèrběnshū)(22권의 책)

③ 序数, 分数, 小数에서는 "二"를 사용한다.

第二(Dièr)(제이), 二月(Èryuè)(2월), 二楼(Èrlóu)(2층),
五分之二(Wǔ fēnzhīèr)(5분지 2), 二点零二(Èrdiǎnlíngèr)(2.02),
十二点二二(Shí èr diǎn èrèr)(12.22).

9. 几(Jǐ)와 多少(Duōshǎo)

① 几는 묻는 숫자가 10미만의 경우에 주로 사용하며, 几 다음에는 양사가 반드시 수반되어야 한다.

你有几本书? (당신은 책 몇 권 가지고 있습니까?)
Nǐ yǒu jǐ běn shū?

我有两本书. (저는 책 두 권 가지고 있습니다.)
Wǒ yǒu liǎng běn shū.

② 多少는 많은 수를 묻는 경우에 주로 사용하며, 多少 다음에는 양사가 수반되어도 되고 그렇지 않아도 된다.

你们学校有多少(个)学生? (너희 학교에는 몇 명의 학생이 있니?)
Nǐmen xuéxiào yǒu duōshǎo (ge) xuéshēng?

我们学校有一万五千个学生.
(우리 학교에는 만 오천명의 학생이 있다.)
Wǒmen xuéxiào yǒu yí wàn wǔqiān ge xuéshēng.

你们班有多少(个)学生? (너희 반에는 몇 명의 학생이 있니?)
Nǐmen bān yǒu duōshǎo (ge) xuéshēng?

我们班有50个学生. (우리 반에는 50명의 학생이 있다.)
Wǒmen bān yǒu wǔshí ge xuéshēng.

연습문제

* 다음 우리말을 중국어로 옮기시오.

1) 이 라디오는 새로 산 것입니다.

....

2) 나는 작년에 소설 두 권을 썼습니다.

....

3) 탁자 위에는 차 한 잔과 술 한 병이 있다.

....

4) 오늘 내 동생은 문구점에 가서 볼펜 두 자루와 노트 세 권을 샀다.

....

5) 나무 한 그루에 몇 마리의 새가 있습니까?

....

6) 한 사람이 매일 세 끼의 밥을 먹는다.

....

7) 나는 약 한 알을 먹고 잠이 들었다.

....

8) 이 텔레비전은 칼라입니까 아니면 흑백입니까?

....

9) 엄마는 어제 백화점에 가서 20 여권의 책과 두 근 반의 소고기를 샀다.

....

10) 당신 학교에는 몇 분의 중국 선생님이 계십니까?

……………………………………………………………………………

* 다음 (　　)안에 알맞은 양사를 써 넣으세요.

1) 一(　　)镜子.

……………………………………………………………………………

2) 一(　　)夫妇.

……………………………………………………………………………

3) 一(　　)门.

……………………………………………………………………………

4) 一(　　)眼泪.

……………………………………………………………………………

5) 一(　　)房子.

……………………………………………………………………………

* 다음 단어를 어순에 알맞게 배열하시오.

1. 谁　这　的　本　是　书

……………………………………………………………………………

2. 妈妈　五千　给　块　了　我　钱

……………………………………………………………………………

3. 哥哥　一　汽车　买　辆　了　我

……………………………………………………………………

4. 吃　你　点儿　想　呢　什么

……………………………………………………………………

5. 衣服　适合　你　这　很　件

……………………………………………………………………

단어정리

收音机(Shōuyīnjī): 라디오.
文具店(Wénjùdiàn): 문구점.
树(Shù): 나무.
三顿饭(Sāndùnfàn): 세 끼의 밥.
睡着(Shuìzháo): 잠이 들다.
黑白(Hēibái): 흑백.
牛肉(Niúròu): 소고기.
夫妇(Fūfù): 부부.
小说(Xiǎoshuō): 소설.
本子(Běnzi): 노트.
鸟儿(Niǎor): 새.
药: (Yào)약.
彩色(Cǎisè): 칼라.
百货大楼(Bǎihuòdàlóu): 백화점.
镜子: (Jìngzi)거울.

제 15 과
조동사

조동사란 능원동사라 부르며, 동사(형용사) 앞에 놓여 "능력, 가능, 허가, 희망, 필요, 필연, 당연" 등의 의미를 더해준다.

我会说汉语. (나는 중국어를 할 줄 안다.)
Wǒ huì shuō hànyǔ.

我想去中国. (나는 중국에 가고 싶다.)
Wǒ xiǎng qù zhōngguó.

他能看英文书. (그는 영어 책을 볼 수 있다.)
Tā néng kàn yīngwénshū.

1. 조동사의 특징

① 조동사는 동사, 형용사 앞에 놓인다.

我要买一本韩汉词典. (나는 한중사전 한 권 사려고 한다.)
Wǒ yào mǎi yì běn hánhàncídiǎn.

教室里应该安静. (교실에서는 조용히 해야 한다.)
Jiàoshìli yīnggāi ānjìng.

② 조동사를 이용한 의문문은 일반적인 평서문 마지막에 의문조사 吗를 붙이든지 혹은 정반의문문을 사용한다.

你会说汉语吗? (당신은 중국어를 말할 줄 앎니까?)
Nǐ huì shuō hànyǔ ma?

你会不会说汉语?
Nǐ huì bú huì shuō hànyǔ?

你想去北京吗? (당신은 북경에 가고 싶습니까?)
Nǐ xiǎng qù běijīng ma?

你想不想去北京?
Nǐ xiǎng bù xiǎng qù běijīng?

③ 조동사는 중첩할 수 없다.

我想想喝酒. (×) → 我想喝酒. Wǒ xiǎng hējiǔ.
(나는 술 마시고 싶다.)
他要要买书. (×) → 他要买书. Tā yào mǎi shū.
(그는 책을 사려고 한다.)

④ 조동사는 동태조사 "了, 着, 过" 등과 결합할 수 없다.

我会了游泳. (×) → 我会游泳. Wǒ huì yóuyǒng.
(나는 수영할 줄 안다.)
我想过见他. (×) → 我想见他. Wǒ xiǎng jiàn tā.
(나는 그를 만나고 싶다.)

⑤ 조동사는 부사 뒤 전치사구 앞에 놓인다.

他也要买一个本子. (그도 노트 한 권 사려고 한다.)
Tā yě yào mǎi yí ge běnzi.

我想在食堂吃饭. (나는 식당에서 밥을 먹고 싶다.)
Wǒ xiǎng zài shítáng chīfàn.

⑥ 연동문과 겸어문에서는 첫 번째 동사 앞에 둔다.

我要去日本出差. (나는 일본에 출장 가려고 한다.) (연동문)
Wǒ yào qù rìběn chūchāi.

我想请你们吃饭. (나는 너희들에게 밥을 사려고 한다.) (겸어문)
Wǒ xiǎng qǐng nǐmen chīfàn.

⑦ 조동사 정도부사의 수식을 받을 수 있다.

我很想吃北京烤鸭. (나는 북경오리구이를 매우 먹고 싶다.)
Wǒ hěn xiǎng chī běijīngkǎoyā.

她真会说法语. (그녀는 불어를 정말 잘한다.)
Tā zhēn huì shuō fǎyǔ.

⑧ 조동사는 일반적으로 부정부사 "不"로 부정한다.

我不能看中文报. (나는 중국신문을 볼 수 없다.)
Wǒ bù néng kàn zhōng wén bào.

她不会开车. (그녀는 운전 할 줄 모른다.)
Tā bú huì kāichē.

2. 조동사의 용법

1) 要

① 의지나 바램(염원)을 나타냄 : ~하려고 하다

我要去中国旅行. (나는 중국에 여행 가려고 한다.)
Wǒ yào qù zhōngguó lǚxíng.

他要报名. (그는 신청 하려고 한다.)
Tā yào bàomíng.

이 때 要의 부정은 "不想, 不要, 不愿意" 등을 쓴다.

② 필연성, 당연성을 나타냄 : ~해야 한다

你要晚上十点以前回来. (너는 저녁 10시 이전까지 돌아와야 한다.)
Nǐ yào wǎnshang shí diǎn yǐqián huílái.

大家要努力工作. (모두가 노력해서 일해야 한다.)
Dàjiā yào nǔlì gōngzuò.

이 때 부정은 "不用, 不必" 등을 쓴다.

2) 想

희망이나 계획을 나타내며 "~하고 싶다", "~하려고 하다"의 의미를 지니다.

我想吃一点儿饭. (나는 밥을 좀 먹고 싶다.)
Wǒ xiǎng chī yì diǎnr fàn.

我不想看电影. (나는 영화 보고 싶지 않다.)
Wǒ bù xiǎng kàn diànyǐng.

3) 愿意

희망이나 바램을 나타내며 "~하기를 원한다"의 의미를 지닌다.

我愿意跟你结婚. (나는 당신과 결혼하길 원해요.)
Wǒ yuànyì gēn nǐ jiéhūn.

他愿意一个人去. (그는 혼자 가길 원해요.)
Tā yuànyì yí ge rén qù.

4) 会

① 경험이나 학습을 통해서 어떤 기능을 습득함을 나타낸다. "~할 수 있다, ~할 줄 안다"의 의미를 지닌다.

你会说韩语吗? (너 한국어 할 줄 아니?)
Nǐ huì shuō hányǔ ma?

我不会游泳. (나 수영할 줄 몰라.)
Wǒ bú huì yóuyǒng.

② 추측을 나타내며 "아마 ~일 것이다, 아마 ~할 것이다"의 의미를 지니다.

他会来, 你不要着急. (그는 올 것이니, 너는 조급해 하지마라.)
Tā huì lái, nǐ bú yào zháojí.

今天不会下雨. (오늘은 비가 오지 않을 것이다.)
Jīntiān bú huì xià yǔ.

③ "~를 잘한다, ~에 뛰어나다"의 의미로 기교가 매우 뛰어남을 강조한다. 이 때 앞 에 "很, 真, 最" 등이 오기도 한다.

她很会唱歌. (그녀는 노래를 아주 잘 한다.)
Tā hěn huì chànggē.

他真会说话. (그는 말을 정말 잘해.)
Tā zhēn huì shuōhuà.

5) 能

① 주관적인 능력을 나타내며 "~할 수 있다"의 의미를 지닌다.

你能看中文小说吗? (너는 중국소설을 볼 수 있니?)
Nǐ néng kàn zhōngwénxiǎoshuō ma?

我能用英语写日记. (나는 영어로 일기를 쓸 수 있다.)
Wǒ néng yòng yīngyǔ xiě rìjì.

② 객관적인 가능성을 나타내며 "~할 수 있다"의 의미를 지닌다.

明天你能不能来? (내일 너 올 수 있니?)
Míngtiān nǐ néng bù néng lái?

教室这么冷, 还能上课吗? (교실이 이렇게 추운데도, 수업할 수 있니?)
Jiàoshì zhème lěng, hái néng shàngkè ma?

③ 어떤 일에 매우 뛰어남을 나타내거나, 일정한 수준에 도달함을 나타낸다. 이 때 能 앞에 정도부사를 동반한다. "~에 능하다" 의미를 지닌다.

他真能喝酒. (그는 정말 술을 잘 마신다.)
Tā zhēn néng hējiǔ.

陈教授很能写文章. (진 교수님은 글을 아주 잘 쓴다.)
Chén jiàoshòu hěn néng xiě wénzhāng.

④ 도리 상의 허가나 동의를 나타낸다. 주로 부정문과 의문문에서 많이 사용한다.

你这个月能不能看完这本书? (너는 이 달에 이 책을 다 볼 수 있니?)
Nǐ zhè ge yuè néng bù néng kàn wán zhè běn shū?

这儿不能进来. (여기는 들어올 수 없다.)
Zhèr bù néng jìn lái.

6) 可以

① 주관적인 능력을 나타내며 "~할 수 있다"의 의미를 지닌다.

他可以自己走路. (그는 혼자 걸을 수 있다.)
Tā kěyǐ zìjǐ zǒulù.

我可以喝两瓶葡萄酒. (나는 포도주 두 병 마실 수 있다.)
Wǒ kěyǐ hē liǎng píng pútáojiǔ.

② 객관적인 가능성을 나타내며 "~할 수 있다"의 의미를 지닌다.

这个礼堂可以容纳五百名. (이 강당은 500명을 수용할 수 있다.)
Zhè ge lǐtáng kěyǐ róngnà wǔbǎi míng.

这个客厅可以放一套沙发.
(이 응접실에는 소파 한 세트를 놓을 수 있다.)
Zhè ge kètīng kěyǐ fàng yí tào shāfā.

③ 허가나 허락을 나타내며 "~해도 된다, ~해도 좋다"의 의미를 지닌다.

我可以在这儿抽烟吗? (내가 여기에서 담배 피워도 됩니까?)
Wǒ kěyǐ zài zhèr chōuyān ma?

今天你们不可以出去玩儿. (오늘 너희들은 나가 놀면 안 된다.)
Jīntiān nǐmen bù kěyǐ chūqù wánr.

7) 应该

당위성, 필연성을 나타내며 "마땅히 ~해야 한다", "반드시 ~해야 한다"의 뜻을 지닌다.

你们应该互相帮助. (너희들은 마땅히 서로 도와야 한다.)
Nǐmen yīnggāi hùxiāng bāngzhù.

我们不应该这样做. (우리는 마땅히 이렇게 해서는 안 된다.)
Wǒmen bù yīnggāi zhèyàng zuò.

应该와 같은 류의 조동사는 부사의 성질을 갖고 있어서 다른 조동사와 함께 쓰일 때는 앞에 둔다.

小孩儿应该要多吃维他命.
(어린아이는 마땅히 비타민을 많이 먹어야 한다.)
Xiǎoháir yīnggāi yào duō chī wéitāmìng

8) 该

"당연히 ~해야 한다", "~할 것이다"의 의미로, 구어체에서 자주 사용된다.

时间不早了, 我该走了. (시간이 늦어서, 나는 가야겠다.)
Shíjiān bù zǎo le, wǒ gāi zǒu le.

我该叫他什么呢? (내가 그를 뭐라 불러야 하나요?)
Wǒ gāi jiào tā shénme ne?

9) 得

당위성, 필연성을 나타내며 "~해야 한다"의 의미를 지닌다.

家里有事, 我得快点儿回去.
(집에 일이 있어서 나는 좀 빨리 돌아가야 해요.)
Jiāli yǒu shì, wǒ děi kuài diǎnr huíqù.

今后我们得小心一点儿. (앞으로 우리 좀 조심해야 한다.)
Jīnhòu wǒmen děi xiǎoxīn yì diǎnr.

得의 부정은 "不用", "不必"을 사용한다.

10) 打算 / 准备

"~할 작정이다", "~하려고 하다"의 뜻을 지닌다.

我打算明年去美国学习英语.
(나는 내년에 미국에 가서 영어를 공부할 작정이다.)
Wǒ dǎsuàn míngnián qù měiguó xuéxí yīngyǔ.

他准备学做菜. (그는 요리법을 배우려고 한다.)
Tā zhǔnbèi xué zuò cài.

연습문제

* 다음 우리말을 중국어로 옮기시오.

1) 그는 대학에 다니고 싶어 한다.

……………………………………………………………………

2) 나는 선생님께 이 문제를 묻고 싶습니다.

……………………………………………………………………

3) 눈이 와서 길이 미끄러우니, 운전할 때 조심해야 한다.

……………………………………………………………………

4) 그는 우리가 이 일을 알게 되는 것을 원치 않는다.

……………………………………………………………………

5) 나는 피아노를 조금 칠 줄 알아요.

……………………………………………………………………

6) 비가 오는데, 그가 돌아올까요?

……………………………………………………………………

7) 너희들은 오늘 숙제를 다 할 수 있니?

……………………………………………………………………

8) 오늘 학생증을 가지고 오지 않아, 나는 도서관에서 책을 빌릴 수 없다.

……………………………………………………………………

9) 제가 당신에게 질문 하나 해도 될까요?

……………………………………………………………………

10) 오늘 일은 반드시 오늘 다해야 한다.

……………………………………………………………………

* 다음 단어를 어순에 알맞게 배열하세요.

1) 以后　你　什么　想　毕业　做

……………………………………………………………………

2) 应该　改正　我们　错误

……………………………………………………………………

3) 他　商量　跟　这件事　不　别人　打算

……………………………………………………………………

4) 我们　礼物　准备　一点儿　得

……………………………………………………………………

5) 打算　你　中国　去　什么时候　留学

……………………………………………………………………

단어정리

路滑(Lùhuá): 길이 미끄럽다.
钢琴(Gāngqín): 피아노.
学生證(Xuéshēngzhèng): 학생증.
改正(Gǎizhèng): 고치다.
商量(Shāngliáng): 상의하다.
准备9Zhǔnbèi): 준비, 준비하다.
留学(Liúxué): 유학.
弹(tán): (피아노를)치다.
作业(Zuòyè): 숙제.
毕业(Bìyè): 졸업, 졸업하다.
错误(Cuòwù): 잘못.
别人(Biérén): 다른 사람, 남.
礼物(Lǐwù): 선물.

제 16 과
복문(1)

1. 단문

주어와 술어를 갖춘 주술문과 하나의 단어나 주술구 이외의 구로 되어 있는 비주술문으로 되어 있다.

1) 주술문: 주어+술어

我们唱歌儿. (우리는 노래를 부릅니다.) Wǒmen chànggēr.
他们都是学生. (그들은 모두 학생이다.) Tāmen dōu shì xuéshēng.

2) 비주술문

走! (가자!) Zǒu!
多美啊! (대단히 아름답다.) Duō měi a!
下雨了. (비가 내렸다.) Xià yǔ le.

2. 복문

두 개 또는 두 개 이상의 단문으로 이루어진 문장을 복문이라 한다. 복문을 이루는 단문을 절이라고 하며, 중국어의 복문은 각 절 사이의 관계가 대등한 연합복문과 주절과 종속절로 구성된 종속복문으로 분류할 수 있다.

他是中国人, 我是韩国人. (그는 중국 사람이고, 나는 한국 사람이다.)
Tā shì zhōngguórén, wǒ shì hánguórén.

天气太热, 我们不去了. (날씨가 너무 더워서 우리는 가지 않기로 했다.)
Tiānqì tài rè, wǒmen bú qù le.

这儿风景优美, 所以游人很多.
(이 곳은 경치가 좋아서 관광객이 매우 많다.)
Zhèr fēngjǐng yōuměi, suǒyǐ yóurén hěnduō.

他虽然年纪小, 但是胆子不小.
(그는 비록 나이는 어리지만, 배짱이 두둑하다.)
Tā suīrán niánjì xiǎo, dànshì dǎnzi bù xiǎo.

1) 연합복문

(1) 병렬복문: 어떤 사물이나 사실에 대해 설명하거나 묘사할 때 사용한다. 이 때 두 개 혹은 그 이상의 단문이 복문 안에서 평등관계를 이룬다.

① 접속사 없는 유형: ~하고, ~하다. ~하고, ~하고, ~하다.

他是男生, 我是女生. (그는 남학생이고, 나는 여학생이다.)
Tā shì nánshēng, wǒ shì nǚshēng.

我们复习生词, 写汉字, 做练习.
(우리는 새로운 낱말을 복습하고, 한자를 쓰고, 연습을 한다.)
Wǒmen fùxí shēngcí, xiě hànzì, zuò liànxí.

我从中国来, 我同屋从日本来.
(나는 중국에서 왔고, 내 룸메이트는 일본에서 왔다.)
Wǒ cóng zhōngguó lái, wǒ tóngwū cóng rìběn lái.

② "也 ~也 ~": "~도 ~이고, ~도 ~이다"는 의미를 지니며, 두 가지 상황이 동시에 존재함을 나타낸다. 각각의 也 앞에 다른 주어가 온다.

这也是新书, 那也是新书. (이것도 새 책이고, 저것도 새 책이다.)
Zhè yěshì xīnshū, nà yěshì xīnshū.

他也没有车, 我也没有车. (그도 차가 없고, 나도 차가 없다.)
Tā yě méiyǒu chē, wǒ yě méiyǒu chē.

③ "又 ~又 ~": "~하기도 하고 ~하기도 하다"는 뜻으로, "既 ~又 ~"로도 사용된다.

我又爱他, 又恨他. (나는 그를 사랑하기도 하고 증오하기도 한다.)
Wǒ yòu ài tā, yòu hèn tā.

他又会说汉语, 又会说英语.
(그는 중국어를 말할 줄 알고, 영어를 말할 줄 안다.)
Tā yòu huì shuō hànyǔ, yòu huì shuō yīngyǔ.

晚会上, 大家又唱歌, 又跳舞, 高兴极了.
(저녁 파티에서 모두들 노래도 부르고, 춤도 추면서, 매우 즐거웠다.)
Wǎnhuìshang, dàjiā yòu chànggē, yòu tiàowǔ, gāoxìng jí le.

他又有学问, 又有丰富的经验.
(그는 학식도 있고, 풍부한 경험도 있다.)
Tā yòu yǒu xuéwèn, yòu yǒu fēngfù de jīngyàn.

④ "一边 ~一边 ~": 동작의 동시진행을 나타내며, "한편으로는 ~하고, 한편으로는 ~하다", "~하면서 ~하다"라는 의미를 지닌다.

我一边吃饭, 一边看电视. (나는 밥을 먹으면서 TV를 본다.)
Wǒ yì bian chīfàn, yì bian kàn diànshì.

他一边听錄音，一边写汉字. (그는 녹음을 들으면서 한자를 쓴다.)
Tā yì bian tīng lùyīn, yì bian xiě hànzì.

孩子们一边跳舞，一边唱歌.
(어린 아이가 춤을 추면서 노래를 부른다.)
Háizimen yì bian tiàowǔ, yì bian chànggē.

全家人一边看电视，一边吃东西，一边聊天儿.
(온 집안 식구가 텔레비전을 보면서 음식을 먹으며 한담을 나눈다.)
Quánjiārén yì bian kàn diànshì, yì bian chī dōng xi, yì bian liáotiānr.

⑤ "一面 ~ 一面 ~": 동작이 동시에 진행됨을 나타내며, "한편으로는 ~하고, 한편으로는 ~하다"라는 뜻을 지닌다.

我一面工作，一面学习.
(나는 한편으로는 일하고, 한편으로는 공부한다.)
Wǒ yí miàn gōngzuò, yí miàn xuéxí.

我们一面走，一面谈话. (우리는 걸으면서 이야기 한다.)
Wǒmen yí miàn zǒu, yí miàn tánhuà.

爸爸一面听广播，一面看报纸.
(아빠는 방송을 들으면서 신문을 본다.)
Bàba yí miàn tīng guǎng bō, yí miàn kàn bàozhǐ.

⑥ "一边 ~一边 ~": "一面 ~一面 ~"은 같은 표현법이다. "一边 ~一边 ~"을 줄여서 "边 ~边 ~"으로 표현할 수 있다.

他们边走路，边说话. (그들은 길을 가면서 말을 한다.)
Tāmen biān zǒulù, biān shuōhuà.

咱们边看边讲吧. (우리 보면서 얘기합시다.)
Zánmen biān kàn biān jiǎng ba.

⑦ "一方面 ~, (另)一方面 ~"은 주로 병존하는 두 가지 상황을 나타내는 것으로 시간상의 선후가 있을 수 있다. 이에 반해 "一边(面) ~ 一边(面) ~"은 주로 동시에 진행되는 두 가지 이상의 상황을 나타내는 것으로, 시간상의 선후가 없다.

我妈妈一边洗衣服,一边听音乐.
(내 엄마는 옷을 빨면서 음악을 듣는다.)
Wǒ māma yì bian xǐ yīfu, yì bian tīng yīnyuè.

他一面听一面记笔记. (그는 들으면서 필기를 한다.)
Tā yí miàn tīng yí miàn jì bǐjì.

他一面倾听着别人发言, 一面整理自己的意见.
(그는 남의 발언을 경청하면서 자신의 의견을 정리한다.)
Tā yí miàn qīngtīngzhe biérén fāyán, yí miàn zhěnglǐ zìjǐ de yìjiàn.

一方面要发展工业, 一方面也要发展农业.
(한편으로는 공업을 발전시켜야 하면서, 한편으로는 농업도 발전시켜야 한다.)
Yì fāng miàn yào fāzhǎn gōngyè, yì fāng miàn yě yào fāzhǎn nóngyè.

⑧ "既 ~也 ~": 뒷부분은 한층 발전된 상황을 나타내며, 구조와 음절수가 같고, 의미가 가까운 두 개의 단어를 연결한다. "~하기도 하고, ~하기도 하다", "~뿐만 아니라 ~도 한다"의 뜻을 지닌다. "既 ~也(又) ~"로도 쓰인다.

她既会跳舞, 也会唱歌.
(그녀는 춤을 출 줄도 알고, 노래도 부를 줄 안다.)
Tā jì huì tiàowǔ, yě huì chànggē.

他既没来过, 也没打过电话.
(그는 온 적이 없을 뿐만 아니라, 전화를 걸어본 적도 없다.)
Tā jì méi láiguò, yě méi dǎguò diànhuà.

他既懂英语, 也懂日语. (그는 영어뿐만 아니라 일어도 안다.)
Tā jì dǒng yīngyǔ, yě dǒng rìyǔ.

我既不认识他, 也没见过他.
(나는 그를 알지 못하고, 또 그를 본적이 없다.)
Wǒ jì bú rènshí tā, yě méi jiànguò tā.

⑨ "一方面 ~ 一方面 ~": "한편으로는 ~하고 또 다른 한편으로는 ~하다"라는 뜻으로, 두 개의 단문 또는 전치사구를 연결하며, 두 가지 상호 관련 있는 사물 혹은 하나의 사물의 두 가지 측면을 연결한다. 뒤의 방면 앞에는 另을, 뒤에는 부사 又, 也, 还을 붙일 수 있다.

吸烟一方面损害自己的身体健康, 一方面也损害他人的身体健康. (흡연은 한편으로는 자신의 건강을 해치며, 또 한편으로는 타인의 건강에도 해를 끼친다.)
Xīyān yì fāng miàn sǔnhài zìjǐ de shēntǐ jiànkāng, yì fāng miàn yě sǔnhài tārén de shēntǐ jiànkāng.

学习哲学, 一方面可以增加知识, 一方面也可以使人聪明.
(철학을 공부하면, 한편으로는 지식을 넓힐 수 있고, 또 한편으로는 사람을 총명하게도 한다.)
Xuéxí zhéxué, yì fāng miàn kěyǐ zēngjiā zhīshì, yì fāng miàn yě kěyǐ shǐ rén cōngmíng.

这次来北京, 一方面想旅游, 另一方面也想看看朋友. (이번에 북경에 온 것은 한편으로는 여행을 하고 싶고, 다른 한편으로는 친구를 좀 보고 싶어서이다.)
Zhècì lái běijīng, yì fāng miàn xiǎng lǚyóu, lìng yì fāng miàn yě xiǎng kàn kàn péngyǒu.

⑩ "一时 ~, 一时 ~": "때로는 ~하고 때로는 ~하다"라는 뜻으로, 时而, 忽而의 의미를 가지며, 상황이 자주 바뀌거나 번갈아 가며 출현함을 나타낸다.

雨季, 江南地区一时晴, 一时雨, 天气变化无常.
(장마 때, 강남지역은 맑았다가, 비가 왔다 하면서 날씨가 변화무쌍하다.)
Yǔjì, jiāngnán dìqū yì shí qíng, yì shí yǔ, tiānqì biànhuà wúcháng.

⑪ "不是 ~, 而是 ~": ~이 아니고 ~이다. ~하는 것이 아니라 ~이다.

我不是学日语, 而是学英语.
(나는 일어를 배우는 것이 아니라 영어를 배우는 것이다.)
Wǒ bú shì xué rìyǔ, ér shì xué yīngyǔ.

她不是不知道, 而是装不知道.
(그녀는 모르는 것이 아니라, 모른 척하는 것이다.)
Tā bú shì bù zhīdào, ér shì zhuāng bù zhīdào.

这个演员不是中国人, 而是日本人.
(이 배우는 중국 사람이 아니라 일본 사람이다.)
Zhè ge yǎnyuán bú shì zhōngguórén, ér shì rìběnrén.

⑫ "既 ~又 ~": 하나의 주체가 동시에 가지고 있는 성질 혹은 상황을 나타낸다. 구조나 음절수가 같은 동사나 형용사를 연결한다.

这种家具既漂亮, 又实用.
(이 가구는 예쁘기도 하고 실용적이기도 하다.)
Zhè zhǒng jiājù jì piàoliang, yòu shíyòng.

玛丽既漂亮又活泼. (마리는 예쁘면서도 활발하다.)
Mǎlì jì piàoliang yòu huópō.

这双旅行鞋既经济, 又美观.
(이 여행 신발은 경제적이면서도 예쁘다.)
Zhè shuāng lǚxíngxié jì jīngjì, yòu měiguān.

学习一种外语, 既要练习读和听, 又要練习说和写.
(외국어를 배우려면, 읽기와 듣기도 연습해야하고, 말하기와 쓰기도 연습해야 한다.)
Xuéxí yì zhǒng wàiyǔ, jì yào liànxí dú hé tīng, yòu yào liànxí shuō hé xiě.

既省电力, 又省人力, 物力. (전력도 아끼고 인력과 물력도 아낀다.)
Jì shěng diànlì, yòu shěng rén lì, wùlì.

2) 순접복문

연속적으로 일어나는 동작이나 사건을 차례차례 서술하거나 묘사한다.

① ~하자, ~하다.

他一说, 大家都笑起来了. (그가 말하자 모두가 웃기 시작했다.)
Tā yì shuō, dàjiā dōu xiào qǐ lái le.

② "一 ~就 ~": ~하자마자, 바로 ~하다.

他们一看见老师就跑了. (그들은 선생님을 보자마자 도망쳤다.)
Tāmen yí kànjiàn lǎoshī jiù pǎo le.

我一到机场, 飞机就起飞了.
(내가 공항에 도착하자마자 비행기가 이륙했다.)
Wǒ yí dào jīchǎng, fēijī jiù qǐfēi le

③ "~就 ~"용법은 "~하기만 하면 ~하다"의 뜻으로 조건을 나타내기도 한다.

一想到考试我就头疼. (시험만 생각하면 나는 머리가 아프다.)
Yì xiǎng dào kǎoshì wǒ jiù tóuténg.

④ "首先 ~, 然后 ~": 먼저 / 우선 / 처음에는 ~하고, 나중에 ~하다.

他们首先参观博物馆, 然后去学校.
(그들은 먼저 박물관을 참관하고 나중에 학교에 간다.)
Tāmen shǒuxiān cānguān bówùguǎn, ránhòu qù xuéxiào.

⑤ "先 ~, 然后 ~": 먼저 ~하고, 나중에 / 연후에 ~하다.

先走到十字路口, 然后往右拐.
(먼저 사거리까지 걸어간 연후에 오른쪽으로 도세요.)
xiān zǒu dào shízìlùkǒu, ránhòu wǎng yòu guǎi.

大家先商量商量, 然后咱们再决定怎么解决这个问题.
(모두 먼저 좀 상의하고, 나중에 우리 다시 이 문제를 어떻게 해결 할지 결정합시다.)
dàjiā xiān shāngliang shāngliang, ránhòu zánmen zài juédìng zěnme jiějué zhè ge wèntí.

⑥ "先 ~, 然后再 ~": 먼저 ~하고, 그런 후에 다시 ~하다.

我们先吃点儿东西, 然后再看吧.
(우리 먼저 뭐 좀 먹은 후에 다시 보자.)
Wǒmen xiān chī diǎnr dōng xi, ránhòu zài kàn ba.

⑦ "先 ~, 然后 ~, 最后 ~": 먼저 ~하고, 그런 후에 ~하고, 마지막으로 ~하다.

这次出差, 我先去北京, 然后去西安, 最后去昆明.
(이 번 출장에서 나는 먼저 북경에 갔다가, 시안으로 간 다음, 마지막으로 쿤밍으로 갈 거야.)
Zhè cì chūchāi, wǒ xiān qù běijīng, ránhòu qù xī ān, zuìhòu qù kūnmíng.

⑧ "先 ~, 再 ~": 먼저 ~하고, 다시 ~하다.

我回家后, 先吃饭, 再做作业.
(나는 집에 돌아간 후에 먼저 밥을 먹고, 다시 숙제를 한다.)
Wǒ huí jiā hòu, xiān chīfàn, zài zuò zuòyè.

⑨ "先 ~, 接着 ~": 먼저 ~하고, 이어서 ~하다.

您先讲话, 接着我说一句.
(당신이 먼저 말씀하시면, 이어서 제가 한마디 하겠습니다.)
Nín xiān jiǎnghuà, jiēzhe wǒ shuō yí jù.

⑩ "~, ~便(就) ~": ~하고는, 곧 ~하다. ~하고서 바로.

他说完便走了.
(그는 말을 마치고 바로 갔다.)(그는 이야기를 끝내자 바로 갔다.)
Tā shuō wán biàn zǒu le.

送他去机场后, 我就回来了.
(그를 공항까지 배웅하고, 나는 바로 돌아왔어.)
Sòng tā qù jī chǎng hòu, wǒ jiù huí lái le.

⑪ "刚 ~就(便) ~": ~하자마자, 바로 ~하다.

爸爸刚到家, 就下起雨来了.
(아빠가 집에 도착하자마자, 비가 오기 시작했다.)
Bàba gāng dàojiā, jiù xià qǐ yǔ lái le.

⑫ "~, 于是 ~": ~해서, 그래서 ~하다. 그래서(그리하여)

我们等了半天, 小张也没来, 于是我们就走了.
(우리는 한참을 기다렸지만, 샤오장이 오지 않아서, 우리는 그냥 갔다.)
Wǒmen děng le bàntiān, xiǎozhāng yě méi lái, yúshì wǒmen jiù zǒu le.

妈妈打电话找我, 于是我回家了.
(엄마가 전화로 찾으셔서, 나는 집으로 돌아갔다.)
Māma dǎ diànhuà zhǎo wǒ, yúshì wǒ huí jiā le.

⑬ "~, 后来 ~": ~하고 나중에 ~하다.

十年前我见过她一面, 后来我也不知道她去哪儿了.
(십년 전에 나는 그녀를 한 번 만난 적이 있지만, 그 후에는 그녀가 어디로 갔는지 나도 알지 못한다.)
Shí nián qián wǒ jiànguò tā yí miàn, hòulái wǒ yě bù zhīdào tā qù nǎr le.

⑭ 종합예문

吃了饭, 我们去散步. (밥을 먹고 나서, 우리 산책 가자.)
Chī le fàn, wǒmen qù sànbù.

看着看着, 他睡着了. (보다가, 그는 잠이 들었다.)
Kànzhe kànzhe, tā shuìzháole.

走着走着, 他停住了. (걷다가, 그는 멈추었다.)
Zǒuzhe zǒuzhe, tā tíngzhù le.

星期日我先去书店买书, 再去商店买东西. (일요일에 나는 먼저 책을 사러 서점에 갔다가, 물건을 사러 상점에 다시 갈 거야.)
Xīngqīrì wǒ xiān qù shūdiàn mǎi shū, zài qù shāngdiàn mǎi dōngxi.

我们先参观工厂，然后访问家庭.
(우리 먼저 공장을 참관한 다음에, 가정을 방문합시다.)
Wǒmen xiān cānguān gōngchǎng, ránhòu fǎngwèn jiātíng.

他刚说完, 便站起身走了.
(그는 말을 끝내자, 바로 몸을 일으켜서 갔다.)
Tā gāng shuō wán, biàn zhàn qǐ shēn zǒu le.

坐汽车去那里不方便, 于是我骑车去.
(차타고 그곳에 가는 건 불편해서, 나는 자전거를 타고 갔다.)
Zuò qìchē qù nà li bù fāngbiàn, yúshì wǒ qíchē qù.

先讨论一下, 然后再做决定.
(먼저 토론을 좀 하고 나서, 그 다음에 결정하자.)
Xiān tǎolùn yí xià, ránhòu zài zuò juédìng.

大家先议论议论, 然后咱们再决定如何解决这个问题.
(모두 먼저 논의를 한 다음에, 어떻게 이 문제를 해결할지 다시 결정합시다.)
Dàjiā xiān yìlùn yìlùn, ránhòu zánmen zài juédìng rúhé jiějué zhè ge wèntí.

我放下书包便到厨房帮妈妈做饭.
(나는 책가방을 내려놓고 나서, 바로 주방으로 가서 엄마가 밥 짓는 걸 도와주었다.)
Wǒ fàng xià shūbāo biàn dào chúfáng bāng māma zuò fàn.

3) 점층복문

뒤 절의 내용이 앞 절보다 더 심해지고 확대되는 것을 나타낸다. 바꿔 말하면, 뒤의 내용이 앞의 내용보다 한층 더 심해지거나 발전되는 것을 나타낸다.

① "不但 ~, 而且 ~": "~뿐만 아니라 또한 ~이다"의 뜻으로, 앞 뒤 구

절의 주어가 같으면 주어는 일반적으로 앞 구절에 놓이고, 不但은 주어 뒤에 놓인다. 앞 뒤 구절의 주어가 다르면 不但과 而且는 각각 두 구절의 주어 앞에 놓인다. 不但(不仅 / 不只 / 不光) ~而且(並且 / 还 / 也)

我不但会说英语, 而且会说日语.
(나는 영어를 말할 줄 알 뿐만 아니라, 일어도 말할 줄 안다.)
Wǒ búdàn huì shuō yīngyǔ, érqiě huì shuō rìyǔ.

他考上了那个学校, 而且成绩很好.
(그는 그 대학에 합격했을 뿐만 아니라, 성적도 매우 좋았다.)
Tā kǎo shàng le nà ge xuéxiào, érqiě chéngjī hěn hǎo.

她不但会唱歌, 而且还会跳舞.
(그녀는 노래를 할 수 있을 뿐만 아니라, 춤도 출 수 있다.)
Tā búdàn huì chànggē, érqiě hái huì tiàowǔ.

不但我会说英语, 而且他也会说英语.
(내가 영어를 할 줄 알 뿐만 아니라, 그도 영어를 할 줄 안다.)
Búdàn wǒ huì shuō yīngyǔ, érqiě tā yě huì shuō yīngyǔ.

他不但去过中国, 还在中国学过汉语.
(그는 중국에 가 본적이 있을 뿐만 아니라, 중국에서 중국어를 배운 적이 있다.)
Tā búdàn qùguò zhōngguó, hái zài zhōngguó xuéguò hànyǔ.

北京不仅是中国的政治经济中心, 而且是中国的文化中心.
(북경은 중국의 정치 경제 중심지 일 뿐만 아니라, 중국의 문화 중심지이다.)
Běijīng bùjǐn shì zhōngguó de zhèngzhì jīngjì zhōngxīn, érqiě shì zhōngguó de wénhuà zhōngxīn.

他不但会弹钢琴, 也会弹吉他.
(그는 피아노를 칠 줄 알뿐만 아니라, 기타도 칠 줄 안다.)
Tā búdàn huì tán gāngqín, yě huì tán jítā.

我帮了他的忙，他不但不感谢我，反而还埋怨我.
(내가 그를 도왔는데, 그는 나를 고마워하지 않을 뿐만 아니라, 오히려 나를 원망한다.)
Wǒ bāng le tā de máng, tā búdàn bù gǎnxiè wǒ, fǎnér hái mányuàn wǒ.

这样好的机会，他不但不珍惜，反而失去了.
(이런 좋은 기회를, 그는 귀하게 여기지 않을 뿐만 아니라, 오히려 놓쳐 버렸지 뭐야.)
Zhèyàng hǎo de jīhuì, tā búdàn bù zhēnxī, fǎnér shīqù le.

② "甚至": "심지어 ~하다"라는 뜻으로, 열거된 마지막 항목의 앞에 위치하여 정도가 가장 두드러짐을 나타낸다. 부사 也 / 都와 사용되기도 하며, 접속사 不但 / 不仅과 호응하여 "不但 / 不仅A, 甚至(也) B"의 형식으로도 자주 쓰인다.

这孩子非常调皮，甚至老师对他也无可奈何.
(이 아이는 매우 개구쟁이어서, 심지어 선생님까지도 어찌지 못한다.)
Zhè háizi fēicháng tiáopí, shènzhì lǎoshī duì tā yě wúkěnàihé.

这个节目，小孩，大人，甚至七八十岁的老人都喜欢.
(이 프로그램은 아이, 어른 심지어 7,80세 된 노인들까지 좋아해.)
Zhè ge jiémù, xiǎohái, dàrén, shènzhì qībāshí suì de lǎorén dōu xǐhuān.

③ "况且(也 / 还 / 又)": "게다가, 하물며, 더구나"라는 의미를 지니고 있으며, 이유나 근거를 추가하고 보충한다. (=何况)

这录像机样子好看，况且也不贵，可以买一台.
(이 비디오는 모양이 예쁘고, 게다가 비싸지도 않으니, 한 대 사 도 되겠다.)
Zhè lùxiàngjī yàngzi hǎokàn, kuàngqiě yě bú guì, kěyǐ mǎi yì tái.

这本书很好, 何况也不贵, 所以我就买了.
(이 책은 좋고 게다가 비싸지도 않아서 나는 바로 샀다.)
Zhè běn shū hěn hǎo, hékuàng yě bú guì, suǒyǐ wǒ jiù mǎi le.

4) 선택복문

몇 가지 상황을 제시하고, 그 중에서 한 가지를 선택할 때 사용한다.

① "是 ~, 还是 ~": ~이냐 그렇지 않으면 ~이냐?

他是美国人还是中国人?
(그는 미국 사람이냐 그렇지 않으면 중국 사람이냐?)
Tā shì měiguórén háishì zhōngguórén?

这是你的词典还是他的词典?
(이것은 당신의 사전이니 그렇지 않으면 그의 사전이니?)
Zhè shì nǐ de cídiǎn háishì tā de cídiǎn?

你们是来学习的, 还是来旅游的?
(여러분은 공부하러 온 것 입니까 그렇지 않으면 여행 온 것 입니까?)
Nǐmen shì lái xuéxí de, háishì lái lǚyóu de?

教你们汉语的是王老师, 还是张老师?
(너희에게 중국어를 가르치는 사람은 왕 선생님이냐 그렇지 않으면 장 선생님이냐?)
Jiāo nǐmen hànyǔ de shì wáng lǎoshī, háishì zhāng lǎoshī?

② "或者 ~或者 ~": ~이든지 ~이든지. ~이거나 ~이다. ~하거나 ~하거나

或者你去, 或者他去, 我看都可以.
(네가 가든지, 그가 가든지, 내가 보기에는 다 괜찮다.)
Huòzhě nǐ qù, huòzhě tā qù, wǒ kàn dōu kěyǐ.

他或者是日本人, 或者是韩国人.
(그는 일본인이거나 아니면 한국인이다.)
Tā huòzhě shì rìběnrén, huòzhě shì hánguórén.

③ "或 ~或 ~": "~하거나 ~하거나"라는 의미로, "或者 ~或者 ~"와 의미는 같으나, 주로 서면어에 사용한다.

或问他, 或问我, 都可以.
(그에게 물어보든, 나에게 물어보든, 다 괜찮다.)
Huò wèn tā, huò wèn wǒ, dōu kěyǐ.

或多或少. (혹은 많거나 혹은 적거나)
Huò duō huò shǎo.

或好或坏. (혹은 좋거나 혹은 나쁘거나)
Huò hǎo huò huài.

④ "不是 ~, 就是 ~": ~이 아니면 ~이다.

这几天, 不是刮风, 就是下雨.
(요 며칠간 바람이 불지 않으면 비가 온다.)
Zhè jǐ tiān, bú shì guā fēng, jiùshì xià yǔ.

他不是坐公交车, 就是骑自行车.
(그는 시내버스를 타고 오지 않으면 자전거를 타고 온다.)
Tā bú shì zuò gōngjiāochē, jiùshì qí zìxíngchē.

现在他不是在办公室, 就是在教室.
(현재 그는 사무실에 있지 않으면 교실에 있다.)
Xiànzài tā bú shì zài bàngōngshì, jiùshì zài jiàoshì.

⑤ "与其 ~不如 ~": ~하느니 ~하는 편이 낫다. ~하느니, 차라리 ~하는게 낫다. 두 가지를 비교 후에 뒷 절의 상황을 선택한다. "与其~(还)不如 ~"

与其看这样的电影, 还不如在家看电视.
(이런 영화를 보느니, 집에서 텔레비전을 보는 것이 낫다.)
Yǔqí kàn zhèyàng de diànyǐng, hái bùrú zàijiā kàn diànshì.

与其你去, 不如我去. (네가 가느니, 내가 가는 게 나아.)
Yǔqí nǐ qù, bùrú wǒ qù.

与其这样等着, 不如找点事情做.
(이렇게 기다리고 있느니, 차라리 일을 찾아서 하자.)
Yǔqí zhèyàng děngzhe, bùrú zhǎo diǎn shìqíng zuò.

与其用这笔钱买汽车, 不如修建学校.
(이 돈으로 차를 사느니, 차라리 학교를 수리하는 게 낫겠다.)
Yǔqí yòng zhè bǐ qián mǎi qìchē, bùrú xiūjiàn xuéxiào.

天气这么好, 与其呆在家里, 倒不如出去走走.
(날씨가 이렇게 좋은데 집에서 빈둥거리느니, 오히려 차라리 밖에 나가서 걷자.)
Tiānqì zhème hǎo, yǔqí dāi zài jiāli, dào bùrú chūqù zǒu zǒu.

⑥ "宁可 ~, 也不 ~": 차라리 ~할지언정 ~하지 않다. ~할지언정 ~않겠다. (=宁肯 / 宁愿 ~, 也不) 앞 절의 상황을 선택함을 나타낸다. 宁可는 주어의 앞이나 뒤에 사용 가능하다.

我宁可饿死, 也不吃你们的饭.
(난 굶어 죽을지언정, 당신들의 밥은 안 먹겠다.)
Wǒ nìngkě è sǐ, yě bù chī nǐmen de fàn.

宁可自己为难, 也不为难大家受苦.
(차라리 혼자 괴로울지언정, 모두를 고통 받게 할 순 없다.)
Nìngkě zìjǐ wéinán, yě bù wéinán dàjiā shòukǔ.

宁可我自己多干点, 也不能累着你.
(차라리 내가 더 하는 게 낫지, 너를 힘들게 할 순 없다.)
Nìngkě wǒ zìjǐ duō gàn diǎn, yě bù néng lèizhe nǐ.

⑦ "宁可 ~, 决不 ~": 차라리 ~할지언정 결코 ~하지 않겠다.

我宁可饿死, 决不吃你们的饭.
(난 굶어 죽을지언정, 결코 당신들의 밥은 안 먹겠다.)
Wǒ nìngkě è sǐ, jué bù chī nǐmen de fàn.

⑧ "宁可 ~, 也要 ~": ~할지언정 ~하겠다.

宁可不吃饭不睡觉, 也要完成任务.
(밥도 먹지 않고 잠도 자지 않을지언정, 임무를 완성해야겠다.)
Nìngkě bù chīfàn bú shuìjiào, yě yào wánchéng rènwù.

宁可少睡点觉, 也要把这篇文章写完.
(잠을 적게 잘지언정, 이 문장을 다 쓸 것이다.)
Nìngkě shǎo shuì diǎn jiào, yě yào bǎ zhè piān wénzhāng xiě wán.

我宁可开夜车, 也要写完这篇文章.
(난 밤을 새더라도, 이 글을 마무리 하겠다.)
Wǒ nìngkě kāiyèchē, yě yào xiě wán zhè piān wénzhāng.

연습문제

* 다음 우리말을 중국어로 옮기시오.

1) 어린아이가 한편으로는 노래를 부르면서, 한편으로는 춤을 춥니다.

……………………………………………………………………

2) 그녀는 피아노도 칠 줄 알고, 바이올린도 킬 줄 알아서, 재주가 매우 많다.

……………………………………………………………………

3) 우리들이 나가자마자 곧 비가 내렸다.

……………………………………………………………………

4) 우리 먼저 밥을 좀 먹은 연후에 다시 합시다.

……………………………………………………………………

5) 그가 오고 싶지 않은 것이 아니라, 정말로 급한 일이 있어 서다.

……………………………………………………………………

6) 나는 중국어를 배웠을 뿐만 아니라, 중국에 대한 이해를 깊게 했다.

……………………………………………………………………

7 그가 일어를 할 줄 알 뿐만아니라, 나도 일어를 할 줄 안다.

……………………………………………………………………

8) 주말에 나는 집에서 아이를 보지 않으면 잠을 잔다.

……………………………………………………………………

9) 여기서 버스를 기다리느니, 차라리 천천히 걸어가는 게 낫겠다.

……………………………………………………………………

10) 차라리 내 자신이 좀 더 할지언정, 결코 남을 귀찮게 하지 않겠다.

……………………………………………………………………

* 다음 단어를 어순에 알맞게 배열하세요.

1) 这本书 把 交 请 老王 你 老张 或者 给

……………………………………………………………………

2) 一 他 来 这儿 到 下 就 飞机 了 我

……………………………………………………………………

3) 今天 就是 来 晚上 不是 我 下午 爸爸 来

……………………………………………………………………

4) 我 晚上 昨天 一 睡着 就 躺下 了

……………………………………………………………………

5) 我 饿死 宁可, 吃 你们的 也不 饭

……………………………………………………………………

단어정리

唱歌(chànggē): 노래 부르다. 跳舞(tiàowǔ): 춤을 추다.
弹钢琴(tán gāngqín): 피아노를 치다.
拉小提琴(lāxiǎotíqín): 바이올린을 켜다.
才华(cáihuá): 재주. 急事(jíshì): 급한 일.
加深(jiāshēn): 깊게 하다. 了解(liǎojiě): 이해.
周末(zhōumò): 주말. 看孩子(kānháizi): 아이를 보다.
公交车(gōngjiāochē): 버스. 慢慢(mànman): 천천히.
麻烦(máfan): 번거롭게 하다, 귀찮게 하다.
别人(biérén): 남, 다른 사람. 睡着(shuìzáo): 잠이 들다.
躺(tǎng): 눕다. 饿死(è sǐ): 굶어죽다.

제 17 과
전치사

전치사는 목적어와 함께 전치사구를 만들고, 문장 속에서는 부사어로서, 장소, 시간, 원인, 대상 등을 나타내는 역할을 한다. 문장 중의 위치는 술어 앞에 놓인다.

1. 전치사의 종류와 용법

1) 在

① 장소, 시간 등을 한정한다. 시간을 한정할 때는 통상 在는 생략 가능하다. "~에", "~에서"의 의미를 지닌다.

我在家里看书. (나는 집에서 책을 본다.)
Wǒ zài jiāli kàn shū.

他上午九点上课. (그는 오전 9시에 수업한다.)
* 시간을 나타내는 시간사 앞에 在는 생략.
Tā shàngwǔ jiǔ diǎn shàngkè.

② 부정은 전치사구 앞에, 즉 在 앞에 부정부사 "不"을 둔다.

他在银行工作. (그는 은행에서 일한다.) (긍정)
Tā zài yínháng gōngzuò.

他不在银行工作. (그는 은행에서 일하지 않는다.) (부정)
Tā bú zài yínháng gōngzuò.

2) 于

시간, 장소, 대상을 나타낸다.

① 在와 같이 시간, 장소를 나타내며, "~에", "~에서"의 뜻을 지닌다.

他出生于北京. (그는 북경에서 태어났다.)
Tā chūshēng yú běijīng.

这篇文章写于2022年. (이 문장은 2022년에 썼다.)
Zhè piān wénzhāng xiě yú 2022 nián.

② 대상

전치사 向과 같이 동작의 대상을 나타내며, "~에게"라는 뜻을 지닌다.

求教于人. (Qiú jiào yú rén.)(가르침을 남에게 구하다.)

3) 从

시간과 장소의 출발점을 나타낸다. "~에서, ~로 부터"의 의미를 지닌다.

① 시간의 출발점을 나타낼 때는 "从 ~就, 从 ~起, 从 ~开始" 등의 형식으로 많이 쓰인다.

Ⓐ 从 ~就: 어떤 상태가 처음부터 줄곧 존재해 왔음을 나타낸다.

他从去年就在北京学习汉语.
(그는 작년부터 북경에서 중국어를 공부해 왔다.)
Tā cóng qùnián jiù zài běijīng xuéxí hànyǔ.

Ⓑ 从 ~起(开始) : ~부터

从明天起, 我要好好学习了. (내일부터 나는 열심히 공부할 거야.)
Cóng míngtiān qǐ, wǒ yào hǎohāo xuéxí le.

从明天开始, 你给我辅导吧. (내일부터 과외지도를 해주세요.)
Cóng míngtiān kāishǐ, nǐ gěi wǒ fǔdǎo ba.

Ⓒ 从 ~到 : ~에서 ~까지

从开学到现在, 他一天也没缺过课.
(개학해서 지금까지, 그는 하루도 수업에 빠진 적이 없다.)
Cóng kāixué dào xiànzài, tā yītiān yě méi quēguò kè.

从你家到学校要几个小时?
(너희 집에서 학교까지는 몇 시간 걸리니?)
Cóng nǐ jiā dào xuéxiào yào jǐ ge xiǎoshí?

② 장소의 출발점을 나타낸다.

你是从哪儿来的? (당신은 어디에서 왔습니까?)
Nǐ shì cóng nǎr lái de?

我们从学校出发. (우리는 학교에서 출발한다.)
Wǒmen cóng xuéxiào chūfā.

③ 경유한 장소나 노선을 나타낸다.

他刚从这儿走过去. (그는 방금 여기를 지나갔다.)
Tā gāng cóng zhèr zǒu guò qù.

从小路走比较快. (지름길로 가면 비교적 빠르다.)
Cóng xiǎolù zǒu bǐjiào kuài.

4) 离

공간적, 시간적 거리를 나타낼 때 기준점이 되는 시간, 공간, 장소를 나타내는 명사 앞에 쓰인다. "~로부터, ~에서, ~까지"의 뜻을 지닌다.

① 공간적 거리: ~로부터, ~에서

我家离学校很远. (우리 집은 학교에서 매우 멀다.)
Wǒjiā lí xuéxiào hěn yuǎn.

中国离韩国很近. (중국은 한국에서 매우 가깝다.)
Zhōngguó lí hánguó hěn jìn.

② 시간적 거리: ~까지

Ⓐ (现在)+离+还有: ~까지 아직 ~남았다.

现在离期末考试还有两个星期.
(지금부터 기말고사 까지는 아직 2주 남았다.)
Xiànzài lí qīmòkǎoshì hái yǒu liǎng ge xīngqī.

离十二点还有十分钟. (12기 까지는 아직 10분 남았다.)
Lí shí èr diǎn hái yǒu shí fēn zhōng.

Ⓑ 离+只有: ~까지 단지 ~남았다.

离上课只有五分钟. (수업 시작까지 단지 5분 남았다.)
Lí shàngkè zhǐyǒu wǔ fēn zhōng.

离圣诞节只有三天. (성탄절까지 단지 3일 남았다.)
Lí shèngdànjié zhǐyǒu sān tiān.

5) 自

시간과 장소의 출발점을 나타내며, 주로 문어체에 쓰인다. "~로 부터"의 의미를 지닌다.

我们都来自美国. (우리는 모두 미국에서 왔다.)
Wǒmen dōu láizì měiguó.

这座山自古以来就很出名. (이 산은 예로부터 매우 유명하다.)
Zhè zuò shān zìgǔ yǐlái jiù hěn chūmíng.

6) 自从

"과거의 어느 시점부터 시작해서"의 의미로 "自从 ~以后, 自从 ~以来"의 형식으로 주로 쓰인다. 自从은 시간을 한정할 때 과거의 시간만 한정한다.

自从下雨以后, 蔬菜就涨价了.
(비가 내린 이후부터, 채소 값이 올랐다.)
Zìcóng xià yǔ yǐhòu, shūcài jiù zhǎngjià le.

自从改革开放以来, 这儿的变化非常大.
(개혁 개방 이래, 이곳에 큰 변화가 있었다.)
Zìcóng gǎigé kāifàng yǐlái, zhèr de biànhuà fēicháng dà.

7) 给

동작의 대상을 나타낸다.

妈妈给我洗衣服. (엄마가 나에게 옷을 빨아 줍니다.)
Mā ma gěi wǒ xǐ yīfu.

我给你介绍一下，这位是新来的张老师. (내가 당신에게 소개 좀 하지요, 이 분이 새로 오신 장 선생님입니다.)
Wǒ gěi nǐ jièshào yí xià, zhè wèi shì xīn lái de zhāng lǎoshī.

8) 跟, 和

동작의 대상을 나타내며, "~와, ~에게"의 뜻을 지닌다.

我每天跟他一块儿散步. (나는 매일 그와 함께 산보한다.)
Wǒ měitiān gēn tā yí kuàir sànbù.

我们跟陈老师学汉语. (우리는 진 선생님에게 중국어를 배운다.)
Wǒmen gēn chén lǎoshī xué hànyǔ.

9) 对

행위, 동작의 대상을 나타내며, 对가 구성하는 전치사구조는 동사를 수식할 경우 동작의 대상을 표시하고, 형용사를 수식할 경우 대접, 취급 등을 나타낸다. "~에게, ~에 대하여"의 뜻을 지닌다.

他对我很好. (그는 나에게 아주 잘해준다.)
Tā duì wǒ hěn hǎo.

大家对这个问题很感兴趣.
(모두가 이 문제에 대해 매우 흥미를 느낀다.)
Dàjiā duì zhè ge wèntí hěn gǎn xìngqù.

10) 对于

동작의 대상을 나타내며, "~에 대하여"의 뜻을 지닌다.

我们对于这个问题有点儿意见.
(우리는 이 문제에 대하여 의견이 좀 있다.)
Wǒmen duìyú zhè ge wèntí yǒudiǎnr yìjiàn.

他刚来, 对于这儿的情况还不太了解.
(그는 방금 와서, 이곳의 상황에 대해 아직 그리 모릅니다.)
Tā gāng lái, duìyú zhèr de qíngkuàng hái bú tài liǎojiě.

* 对와 对于의 비교

对와 对于는 그 사용법이 비슷하다. 즉 对를 쓰는 곳에 일반적으로 对于를 쓸 수 있다. 그러나 다음의 경우에는 对만 쓴다.

① 목적어가 사람과 사람 사이의 대응관계를 나타낼 때 对를 쓴다.

他对我不满意. (그는 나에게 불만이다.)
Tā duì wǒ bù mǎnyì.

我对他还不能了解. (나는 그에 대해 아직 이해할 수 없다.)
Wǒ duì tā hái bù néng liǎojiě.

② 对의 목적어가 단일명사나 대명사일 경우 对를 쓴다.

他对人很热情. (그는 남에게 매우 열정적이다.)
Tā duì rén hěn rèqíng.

我们应该对祖国有爱心. (우리는 조국에 대해 사랑이 있어야 한다.)
Wǒmen yīnggāi duì zǔguó yǒu àixīn.

③ 对于는 조동사나 부사의 수식을 받을 수 없다. 对는 받을 수 있다.

我已经对他没有什么感情. (나는 이미 그에 대해 어떤 느낌이 없다.)
Wǒ yǐjīng duì tā méiyǒu shénme gǎnqíng.

我们会对顾客负责. (우리는 고객에 대해 책임을 질 것이다.)
Wǒmen huì duì gùkè fùzé.

11) 关于

동작과 관계된 사람, 사물, 범위를 나타내며, "~에 관해서, ~에 관한"의 뜻을 지닌다.

① ~에 관해서(~에 관하여)

행위, 동작과 관계된 것을 이끌며, 전치사구를 이루어 상황어가 된다. 상황어로 쓰일 때는 주어 앞에 위치한다.

关于今天的形势, 大家都很悲观.
(오늘의 형세에 관해서, 모두가 다 비관적이다.)
Guānyú jīntiān de xíngshì, dàjiā dōu hěn bēiguān.

关于这个问题, 我们可以参考那本书.
(이 문제에 관해서, 우리는 그 책을 참고할 수 있다.)
Guānyú zhè ge wèntí, wǒmen kěyǐ cānkǎo nà běn shū.

* 对于文化遗产, 我们必须进行研究分析.
(문화유산에 대해서, 우리는 반드시 연구하고 분석해야 한다.) (대상을 나타냄)
Duìyú wénhuà yíchǎn, wǒmen bìxū jìnxíng yánjiū fēnxī.

② ~에 관한

전치사구를 이루어 한정어로 쓰이며, 이 때 뒤에 보통 的가 온다.

我读了几本关于文学的书. (나는 문학에 관한 몇 권의 책을 읽었다.)
Wǒ dú le jǐ běn guānyú wénxué de shū.

我最近看了一些关于中国国情的材料.
(나는 최근에 중국 국정에 관한 약간의 자료들을 봤다.)
Wǒ zuìjìn kàn le yì xiē guānyú zhōngguó guóqíng de cáiliào.

③ 문장의 제목으로 쓰인다.

关于中国经济贸易. (중국 경제 무역에 관해서)
Guānyú zhōngguó jīngjìmàoyì.

关于世界环境污染问题. (세계 환경 오염문제에 관해서)
Guānyú shìjièhuánjìng wūrǎn wèntí.

12) 向: ~에게, ~을 향해, ~쪽으로

동작이 진행되는 방향이나 동작의 대상을 나타내며, 向으로 이루어진 전치사구조는 부사어가 될 수 있고, 동사 뒤에 놓여 보어 역할을 할 수도 있다.

你一直向东走. (당신은 동쪽으로 쭉 가시오.) (방향표시)
Nǐ yì zhí xiàng dōng zǒu.

你向专家请教一下. (당신은 전문가에게 자문을 좀 구하세요.) (동작의 대상 표시)
Nǐ xiàng zhuānjiā qǐng jiào yí xià.

中国走向世界. (중국은 세계를 향한다.) (보어역할)
Zhōngguó zǒuxiàng shìjiè.

13) 往: ~쪽으로, ~으로

동작이 진행되는 방향을 나타낸다. 往으로 이루어진 전치사구조는 동사 앞에 놓여 부사어도 될 수 있고, 동사 뒤에 놓여 보어가 될 수도 있다.

你往哪儿走? (당신은 어디로 갑니까?)
Nǐ wǎng nǎr zǒu?

火车开往哪儿? (기차는 어디로 갑니까?)
Huǒchē kāi wǎng nǎr?

从这儿一直往前走, 往右拐就到了.
(여기에서 곧장 가다가 오른쪽으로 돌면 바로 도착합니다.)
Cóng zhèr yì zhí wǎng qián zǒu, wǎng yòu guǎi jiù dào le.

14) 朝: ~쪽으로, ~향해서, ~에게

동작의 방향을 나타내고, 또 동작의 대상을 나타낸다.

朝南走五分钟就到. (남쪽으로 5분만 가면 도착한다.) (방향표시)
Cháo nán zǒu wǔ fēn zhōng jiù dào.

我朝他们点头. (나는 그들에게 고개를 끄덕였다.) (동작의 대상)
Wǒ cháo tāmen diǎn tóu.

* 向, 往, 朝의 비교

① 向, 往, 朝 모두 방향을 나타낸다. 즉 "~쪽으로, ~향해서"의 의미를 지니다.

② 向과 往은 일부 단음절동사 뒤에 사용할 수 있지만, 朝는 동사 뒤에 사용할 수 없다.

江水流向大海. (강물은 바다로 흘러간다.)
Jiāngshuǐ liú xiàng dàhǎi.

这列火车开往龙山. (이 기차는 용산으로 간다.)
Zhè liè huǒchē kāi wǎng lóngshān.

③ 向과 朝는 뒤에 사람과 관련된 명사가 나와 동작의 대상을 이끌 수도 있지만, 往은 동작의 대상을 이끌 수 없고, 단지 방향사나 처소사와만 결합한다.

你应该向他学习. (너는 마땅히 그에게 배워야 해.)
Nǐ yīnggāi xiàng tā xuéxí.

他朝我挥手, 我朝他点头.
(그는 나를 향해 손을 흔들었고, 나는 그를 향해 고개를 끄덕였다.)
Tā cháo wǒ huī shǒu, wǒ cháo tā diǎn tóu.

15) 由

① 동작의 주체를 설명하며, "~으로, ~에 의해"란 뜻을 지닌다.

这件事由我办理. (이 일은 내가 처리합니다.)
Zhè jiàn shì yóu wǒ bànlǐ.

这个代表团由八个人组成. (이 대표단은 8명으로 조직된다.)
Zhè ge dàibiǎotuán yóu bā ge rén zǔchéng.

② 从의 용법과 같이 "~에서, ~로부터"란 뜻을 지닌다.

由这儿往西一直走就到车站了.
(여기에서 서쪽으로 곧장 가면 바로 터미널에 도착합니다.)
Yóu zhèr wǎng xī yì zhí zǒu jiù dào chēzhàn le.

由天津到北京要半个小时. (천진에서 북경까지는 30분 걸립니다.)
Yóu tiānjīn dào běijīng yào bàn ge xiǎoshí.

16) 替

행위, 동작의 봉사 대상을 나타내며, "~을 위하여, ~에게, ~대신에"란 의미를 지닌다.

他替我去. (그는 나를 대신하여 갑니다.)
Tā tì wǒ qù.

我替你找到了这份材料. (나는 너를 위해 이 자료를 찾았다.)
Wǒ tì nǐ zhǎo dàole zhè fèn cáiliào.

연습문제

* 다음 우리말을 중국어로 옮기시오.

1) 우리는 영화관에서 영화를 보지 않고, 강당에서 영화를 봅니다.

....

2) 오늘부터 나는 열심히 공부하려고 합니다.

....

3) 지금부터 겨울방학까지는 아직 며칠 남았니?

....

4) 그들은 아침부터 한밤중까지 줄곧 일합니다.

....

5) 그는 문 입구를 향해 걸어 왔다.

....

6) 여기에서 서쪽으로 500미터 걸어가면 바로 집에 도착합니다.

....

7) 중국을 가고 안 가고는 네 자신이 결정한다.

....

8) 이런 현상에 대해서 진지하게 연구해야만 한다.

....

9) 당신이 한자를 쓸 줄 모르면, 내가 당신을 대신해서 쓰지요.

....

10) 모두 나에 대해 대단히 예의를 갖춥니다.

....

* 다음 단어를 어순에 알맞게 배열하세요.

1) 对 他 提出 我 意见 一些 了

....

2) 负担 由 飞机票 个人

....

3) 你 他们 过分 对 太

....

4) 这 给 买的 项链 是 她 我

....

5) 从 比较 这条路 近 走

....

단어정리

电影院(Diànyǐngyuàn): 영화관.
寒假(Hánjià): 겨울방학.
一直(yì zhí): 줄곧.
决定(Juédìng): 결정하다.
意见(Yìjiàn): 의견.
飞机票(Fēijīpiào): 비행기표.
电影(Diànyǐng): 영화.
深夜(Shēnyè): 한밤중.
门口(Ménkǒu): 문입구.
现象(Xiànxiàng): 현상.
负担(Fùdān): 부담하다.
项链(Xiàngliàn): 목걸이.

제 18 과
동태조사 "了"(동작의 완료형)

"동사+了"의 구조를 이루어 동작이나 행위의 완료를 나타낸다.

1. 완료형의 긍정문

他来了. (그는 왔다.)
Tā lái le.

他爸爸已经退休了. (그의 아빠는 이미 퇴직했다.)
Tā bàba yǐjīng tuìxiū le.

我哥哥从北京来了. (내 형은 북경에서 왔다.)
Wǒ gē ge cóng běijīng lái le.

周末我认识了一个中国人. (주말에 나는 한 중국인을 알았다.)
Zhōumò wǒ rènshí le yí ge zhōngguórén.

昨天我看了美国电影. (주말에 나는 미국 영화를 봤다.)
Zuótiān wǒ kàn le měiguódiànyǐng.

他给妈妈打了一个电话. (그는 엄마에게 전화 한 통화를 했다.)
Tā gěi māma dǎ le yí ge diànhuà.

2. 연동문에서 동작의 완료를 나타내려면, 두 번째 동사 뒤에 동태조사 了를 붙인다.

他去商店买来了生日蛋糕. (그는 상점에 가서 생일 케익을 사 왔다.)
Tā qù shāngdiàn mǎi lái le shēngrìdàngāo.

他去天津出差了. (그는 천진으로 출장 갔다.)
Tā qù tiānjīn chūchāi le.

他们来我家玩儿了. (그들은 우리 집에 놀러왔다.)
Tāmen lái wǒ jiā wánr le.

我去图书馆借了一本书. (나는 도서관에 가서 책 한 권을 빌렸다.)
Wǒ qù túshūguǎn jiè le yì běn shū.

3. 완료형의 부정문

① "没有+동사"

이 때 동태조사 了는 생략한다.

昨天没有下雨. (어제 비가 오지 않았다.)
Zuótiān méiyǒu xià yǔ.

昨天没有开门. (어제 문을 열지 않았다.)
Zuótiān méiyǒu kāimén.

我没有买东西, 我朋友买了. (나는 물건을 사지 않았고, 내 친구는 샀다.)
Wǒ méiyǒu mǎi dōngxi, wǒ péngyǒu mǎi le.

他没有听今天的新闻. (그는 오늘 뉴스를 듣지 않았다.)
Tā méiyǒu tīng jīntiān de xīnwén.

② 만약 앞으로 일어날 일이지만 아직 일어나지 않았을 경우에는 "还没 ~ 呢." 형식으로 표현한다.

他还没来呢. (그는 아직 오지 않았다.)
Tā hái méi lái ne.

我还没交作业呢. (나는 아직 숙제를 내지 않았다.)
Wǒ hái méi jiāo zuòyè ne.

他还没结婚呢. (그는 아직 결혼을 하지 않았다.)
Tā hái méi jiéhūn ne.

4. 완료형의 의문문

① 의문문의 구조

일반 서술문일 경우 문장 마지막에 의문조사 "吗"를 붙여 의문문을 만든다.

② 문장 마지막에 没有를 써서 의문문을 만든다.

③ "동사+没(有)+동사 ~?"의 형식으로 의문문을 만든다.

你买了三本书吗? (당신은 세 권의 책을 샀습니까?)
Nǐ mǎi le sān běn shū ma?

你买了三本书没有?
Nǐ mǎi le sān běn shū méiyǒu?

你买没买三本书?
Nǐ mǎi méi mǎi sān běn shū?

你听懂了没有? (당신은 알아들었습니까?)
Nǐ tīng dǒng le méiyǒu?

你准备好了没有? (당신은 잘 준비했습니까?)
Nǐ zhǔnbèi hǎo le méiyǒu?

5. 첫 번째 동사 뒤에 동태조사 了를 쓰고, 두 번째 동사 앞에 就를 써서, 앞 동작이 완료되자마자 뒷 동작이 발생함을 나타낸다: "미래의 가정"을 표현한다.

明天我吃了早饭就去图书馆.
(내일 아침밥을 먹고 도서관에 갈 것이다.)
Míngtiān wǒ chī le zǎofàn jiù qù túshūguǎn.

明天下了课, 我就去找你. (내일 수업이 끝나면 너를 찾아 갈 것이다.)
Míngtiān xià le kè, wǒ jiù qù zhǎo nǐ.

我打算毕了业就去公司工作.
(나는 졸업하고 회사에서 일할 예정이다.)
Wǒ dǎsuàn bì le yè jiù qù gōngsī gōngzuò.

6. 동태조사 了를 가진 동사 뒤에 시간을 표시하는 성분(시량보어)이 오면 동작이 진행되었거나 상태가 지속되었던 시간의 기간이나 범위를 나타낸다.

他病了三天. (그는 삼일 동안 아팠다.)
Tā bìng le sān tiān.

他昨天复习了两个小时. (그는 어제 두 시간 동안 복습했다.)
Tā zuótiān fùxí le liǎng ge xiǎoshí.

我在中国住了五年. (나는 중국에서 5년 동안 살았다.)
Wǒ zài zhōngguó zhù le wǔ nián.

我昨天晚上睡了八个小时. (나는 어제 저녁에 8시간 동안 잤다.)
Wǒ zuótiān wǎnshang shuì le bā ge xiǎoshí.

你在中国住了多久? (당신은 중국에서 얼마나 살았습니까?)
Nǐ zài zhōngguó zhù le duōjiǔ?

이 문장에서 "多久" 대신 "多长时间"를 사용해도 같은 의미이다.

7. 동태조사 了가 있는 문장에 목적어가 있으면 일반적으로 동사를 중복시켜야 하며, 시량보어는 중복된 동사 뒤에 두어야 한다. 즉 [주어+동사+목적어+동사+了+시량보어]의 구조이다.

我学汉语学了三年. (나는 중국어를 3년 동안 배웠다.)
Wǒ xué hànyǔ xué le sān nián.

他教英语教了兩年. (그는 영어를 2년 동안 가르쳤다.)
Tā jiāo yīngyǔ jiāo le liǎng nián.

妈妈打电话打了二十分钟. (엄마는 전화를 20분 동안 했다.)
Mā ma dǎ diànhuà dǎ le èr shí fēn zhōng.

我找她找了半天. (나는 그녀를 한참 동안 찾았다.)
Wǒ zhǎo tā zhǎo le bàntiān.

我等他等了一个小时. (나는 그를 한 시간 동안 기다렸다.)
Wǒ děng tā děng le yí ge xiǎoshí.

我们坐飞机坐了五个小时. (우리는 5시간 동안 비행기를 탔다.)
Wǒmen zuò fēijī zuò le wǔ ge xiǎoshí.

① 목적어가 일반명사일 경우, 이 문장은 또 [주어+동사+了+시량보어(적)+목적어]의 구조로 바꿀 수 있다.

我学了三年(的)汉语. (나는 중국어를 3년 동안 배웠다.)
Wǒ xué le sān nián (de) hànyǔ.

他教了兩年(的)英语. (그는 영어를 2년 동안 가르쳤다.)
Tā jiāo le liǎng nián (de) yīngyǔ.

妈妈打了二十分钟(的)电话. (엄마는 전화를 20분 동안 했다.)
Mā ma dǎ le èr shí fēn zhōng (de) diànhuà.

我们坐了五个小时(的)飞机. (우리는 비행기를 5시간 동안 탔다.)
Wǒmen zuò le wǔ ge xiǎoshí (de) fēijī.

② 그러나 목적어가 인칭대명사일 경우는 목적어가 시량보어 앞에 온다. 즉 [주어+동사+了+목적어+시량보어]의 구조이다.

我等他等了一个小时. (나는 그를 한 시간 동안 기다렸다.)
Wǒ děng tā děng le yí ge xiǎoshí.

=我等了他一个小时. (나는 그를 한 시간 동안 기다렸다.)
Wǒ děng le tā yí ge xiǎoshí.

我找她找了半天. (나는 그녀를 한참동안 찾았다.)
Wǒ zhǎo tā zhǎo le bàntiān.

=我找了她半天. (나는 그녀를 한참동안 찾았다.)
Wǒ zhǎo le tā bàntiān.

8. 동태조사 "了" 뒤에 시량보어가 오고, 또 그 뒤에 어기조사 "了"가 오면, 동작이나 행위가 계속 지속됨을 나타낸다.

他住了一年了. (그는 1년째 살았다.)
Tā zhù le yì nián le.

他工作了三年了. (그는 3년째 일했다.)
Tā gōngzuò le sān nián le.

他在中国住了一年了. (그는 중국에서 1년째 살았다.)
Tā zài zhōngguó zhù le yì nián le.

我找你找了一个小时了. (나는 너를 한 시간째 찾았다.)
Wǒ zhǎo nǐ zhǎo le yí ge xiǎoshí le.

我爸爸开车开了十年了. (내 아빠는 10년째 운전을 하셨다.)
Wǒ bàba kāichē kāi le shí nián le.

9. 동태조사 了의 문장에 목적어가 있을 경우, 이 목적어는 일반적으로 수량사나 관형어의 수식을 받는다.

我在书店买了**两本**书. (나는 서점에서 책 두 권을 샀다.) (수량사)
Wǒ zài shūdiàn mǎi le liǎng běn shū.

我看了**很多**英文书. (나는 매우 많은 영어 책을 봤다.) (관형어)
Wǒ kàn le hěn duō yīngwénshū.

10. 동사의 목적어가 단지 한 낱말일 경우

① 문장 마지막에 어기조사 了를 사용하고, 동태조사 了는 보통 생략한다.

我吃(了)饭了. (나는 밥을 먹었다.)
Wǒ chī (le) fàn le.

他洗(了)脸了. (그는 세수를 했다.)
Tā xǐ (le) liǎn le.

我看(了)报了. (나는 신문을 봤다.)
Wǒ kàn (le) bào le.

② 동사 앞이나 주어 앞에 부사어를 사용한다.

我**已经**告诉了他. (나는 이미 그에게 알려주었다.)
Wǒ yǐjīng gàosù le tā.

昨天我们跟金先生一起照了相.
(어제 우리들은 김 선생님과 함께 사진을 찍었다.)
Zuótiān wǒmen gēn jīn xiānshēng yì qǐ zhào le xiāng.

11. 지속적인 동작이 아닌 순간적으로 일어나는 동작을 나타내는 일부동사(来, 到, 去, 离开, 结婚)는 시량보어를 목적어 뒤에 두어, 동작이 발생한 때부터 시간의 경과 정도를 나타낸다. 즉 "~한 지 얼마나 되다"라는 뜻을 지닌다.

他毕业三年了. (그가 졸업 한 지 3년이 되었다.)
Tā bìyè sān nián le.

我来北京好几年了. (내가 북경에 온 지 여러 해가 되었다.)
Wǒ lái běijīng hǎojǐnián le.

他离开韩国已经五年了. (그가 한국을 떠난 지 벌써 5년이 되었다.)
Tā líkāi hánguó yǐjīng wǔ nián le.

我们结婚二十年了. (우리가 결혼 한 지 20년이 되었다.)
Wǒmen jiéhūn èr shí nián le.

연습문제

* 다음 우리말을 중국어로 옮기시오.

1) 그녀는 커피 한 잔을 마셨고, 나는 술 한 병을 마셨다.

....

2) 우리는 그의 집에 가서 매우 많은 잡지를 봤다.

....

3) 나는 오늘 방송을 듣지 못했는데, 너는 들었니?

....

4) 내일 당신은 저녁을 먹고 곧 나를 찾아와라.

....

5) 그는 어제 농구시합에 참가했다.

....

6) 그는 광저우에서 3년 동안 살았다.

....

7) 그녀는 나를 두 시간 동안 기다렸다.

....

8) 그는 두 권 째 소설을 보았는데, 더 보려고 한다.

....

9) 나는 그를 한 시간째 기다렸으나, 그는 아직 오지 않았다.

....

10) 어제 이 선생님은 중국에서 온 학생들과 함께 영화를 봤다.

....

* 다음 단어를 어순에 알맞게 배열하세요.

1) 他们　玩儿　一　个　在　下午　公园

………………………………………………………………………………

2) 北京　了　你　在　时间　多长　住

………………………………………………………………………………

3) 踢　了　两　个　了　足球　踢　我们　小时

………………………………………………………………………………

4) 我　北京　几年　了　好　来　已经

………………………………………………………………………………

5) 晚上　昨天　睡　他　五个钟头　了

………………………………………………………………………………

단어정리

咖啡(Kāfēi): 커피.
广播(Guǎngbō): 방송.
比赛(Bǐsài): 시합.
杂志(Zázhì): 잡지.
篮球(lánqiú): 농구.
足球(Zúqiú): 축구.

제 19 과
동태조사 "过" (동작의 과거 경험형)

"동사+过"의 구조로 동작의 과거 경험을 나타낸다.

1. 동작의 과거 경험형의 긍정문

"동사+过"의 형식을 이루며, 긍정은 "~한 적이 있다"라는 뜻으로 사용된다.

他去过中国. (그는 중국에 가 본 적이 있다.)
Tā qùguò zhōngguó.

我吃过中国菜. (나는 중국 음식을 먹어 본 적이 있다.)
Wǒ chīguò zhōngguócài.

他在上海买过几瓶中国酒.
(그는 상해에서 몇 병의 중국술을 산 적이 있다.)
Tā zài shànghǎi mǎiguò jǐ píng zhōngguójiǔ.

今天他来过办公室. (오늘 그는 사무실에 온 적이 있다.)
Jīntiān tā láiguò bàngōngshì.

2. 동작의 과거 경험형의 부정문

"没有+동사+过"의 형식으로 "~한 적이 없다"라는 뜻을 지닌다. 아직 해보지 않았다고 할 때는 "还没有+동사+过"의 형식으로 "아직 ~한 적이 없다"라는 뜻으로 표현한다.

他没有去过北京. (그는 북경에 가 본 적이 없다.)
Tā méiyǒu qùguò běijīng.

来中国以前, 我没有学过汉语.
(중국에 오기이전에 나는 중국어를 배운 적이 없다.)
Lái zhōngguó yǐqián, wǒ méiyǒu xuéguò hànyǔ.

我没有听过她的名字. (나는 그녀의 이름을 들어 본 적이 없다.)
Wǒ méiyǒu tīngguò tā de míngzì.

我还没有吃过北京烤鸭.
(나는 아직 북경 오리구이를 먹어 본 적이 없다.)
Wǒ hái méiyǒu chīguò běijīngkǎoyā.

他还没有去过成都. (그는 아직 성도에 가 본 적이 없다.)
Tā hái méiyǒu qùguò chéngdū.

3. 동작의 과거 경험형의 의문문

의문문은 다음과 같은 유형으로 다양하게 사용된다.

① 동사+过+목적어+吗?

② 동사+过+목적어+没有?

③ 동사(过)+没有+동사+过+목적어?

你吃过饺子吗? (당신은 만두를 먹어 본 적이 있습니까?)
Nǐ chīguò jiǎozi ma?

你吃过饺子没有?
Nǐ chīguò jiǎozi méiyǒu?

你吃(过)没吃过饺子?
Nǐ chī (guò) méi chīguò jiǎozi?

最近你写过信吗? (최근에 당신은 편지를 쓴 적이 있습니까?)
Zuìjìn nǐ xiěguò xìn ma?

最近你写过信没有?
Zuìjìn nǐ xiě guòxìn méiyǒu?

最近你写(过)没写过信?
Zuìjìn nǐ xiě (guò) méi xiěguò xìn?

除了宫保鸡丁以外, 你还吃过什么?
(궁빠오지띵 이외에, 당신은 또 무엇을 먹어 본 적이 있습니까?)
Chúle gōngbǎojīdīng yǐwài, nǐ hái chīguò shénme?

4. 동작의 과거 경험형의 특징

① 목적어는 "동사+过" 다음에 둔다.

你吃过这种水果吗? (당신은 이런 과일을 먹어 본 적이 있습니까?)
Nǐ chīguò zhè zhǒng shuǐguǒ ma?

他没有去过英国. (그는 영국에 간 적이 없다.)
Tā méiyǒu qùguò yīngguó.

② 동사 앞에 "曾经"은 동시에 사용할 수 있다.

我曾经学过日语. (나는 일찍이 일어를 배운 적이 있다.)
Wǒ céngjīng xuéguò rìyǔ.

她曾经没看过京剧. (그녀는 예전에 경극을 본 적이 없다.)
Tā céngjīng méi kànguò jīngjù.

③ 동사가 결과보어를 동반할 때, 결과보어 다음에 过를 둔다.

你看见过她吗? (당신은 그녀를 본 적이 있습니까?)
Nǐ kànjiànguò tā ma?

那个医生治好过我的病. (그 의사는 내 병을 잘 치료 한 적이 있다.)
Nà ge yīshēng zhì hǎoguò wǒ de bìng.

④ 부사어가 나타낸 시간은 반드시 특정한 시간이어야 한다.

昨天我在海边散过步. (Zuótiān wǒ zài hǎibiān sànguò bù.)(어제 나는 해변에서 산보 한 적이 있다.)라는 문장에서 昨天처럼 부사어가 특정한 시간을 나타내야 한다. 예를 들면, 我们常常散过步(Wǒmen chángcháng sànguò bù) 문장에서 부사 常常(Chángcháng)은 특정한 시간을 나타내지 않으므로 쓸 수 없다. 따라서 이 문장은 我们常常散步(Wǒmen chángcháng sànbù)로 사용해야 된다.

去年他们游览过长城. (Qùnián tāmen yóulǎnguò chángchéng.) (작년에 그들은 장성을 유람한 적이 있다.)로 去年(Qùnián)이 특정한 시간을 나타낸다. 그러나 有一天他游览过长城(yǒu yì tiān tā yóulǎnguò chángchéng) 문장에서 有一天(yǒu yì tiān)은 불확실한 부사어이므로 有一天他游览长城(yǒu yì tiān tā yóulǎn chángchéng)으로 사용해야 한다.

⑤ 전치사구가 부사어인 경우, 没有는 일반적으로 부사 앞에 놓는다.

他没给我讲过课. (그는 나에게 강의를 한 적이 없다.)
Tā méi gěi wǒ jiǎngguò kè.

我没跟他一起工作过. (나는 그와 함께 일한 적이 없다.)
Wǒ méi gēn tā yì qǐ gōngzuòguò.

我们没在那儿游过泳. (우리들은 그 곳에서 수영한 적이 없다.)
Wǒmen méi zài nàr yóuguò yǒng.

⑥ 연동문에서 过는 두 번째 동사 뒤에 둔다.

我去那个百货大楼买过大衣.
(나는 그 백화점에 가서 외투를 산 적이 있다.)
Wǒ qù nà ge bǎihuòdàlóu mǎi guo dàyī.

他从仁川坐船去过天津.
(그는 인천에서 배를 타고 천진에 간 적이 있다.)
Tā cóng rénchuān zuò chuán qùguò tiānjīn.

⑦ 过는 이합사의 동사 뒤에 위치해야 한다.

她结过婚. (그녀는 결혼 한 적이 있다.)
Tā jiéguò hūn.

我跟他见过面. (나는 그와 만난 적이 있다.)
Wǒ gēn tā jiànguò miàn.

⑧ "从来+没有+동사+过"의 형식은 "여태껏 ~한 적이 없다"라는 뜻이다.

我从来没有生过病. (나는 여태껏 병이 난 적이 없다.)
Wǒ cónglái méiyǒu shēngguò bìng.

他从来没有吃过意大利料理.
(그는 여태껏 이태리 요리를 먹어 본 적이 없다.)
Tā cónglái méiyǒu chīguò yìdàlì liàolǐ.

⑨ 知道, 明白, 认识, 感觉, 懂 등 인지나 지각을 나타내는 동사 다음에는 过를 쓰지 않는다.

我懂过. (×)→ 我懂了. (○)(Wǒ dǒng le.)

⑩ 동량사가 있는 문장에 목적어가 있을 경우

(a) 목적어가 일반명사 일 때: "동량사+목적어"

今天我看过两遍这本小说.
(오늘 나는 이 소설을 두 번 읽은 적이 있다.)
Jīntiān wǒ kànguò liǎng biàn zhè běn xiǎoshuō.

(b) 목적어가 대명사나 인칭대명사 일 때: "목적어+동사"

他曾经爱过我一次. (그는 일찍이 나를 한 번 사랑한 적이 있다.)
Tā céngjīng àiguò wǒ yí cì.

我见过她几次. (나는 그녀를 몇 번 본 적이 있다.)
Wǒ jiànguò tā jǐ cì.

⑪ "동사+过"는 일상생활에서 행해지는 동작의 완료를 나타내는 데 자주 사용된다. 즉 예정된 일이나 습관적, 주기적으로 일어나는 일에 자주 사용한다. 동작이나 행위를 "끝내다"라는 뜻을 지닌다.

午饭, 你吃过了吗? (점심, 너 먹었니?)
Wǔfàn, nǐ chīguò le ma?

我吃过了. (나 먹었다.)
Wǒ chīguò le.

第五课我们已经学过了. (제5과를 우리는 이미 배웠다.)
Dì wǔ kè wǒmen yǐjīng xuéguò le.

연습문제

* 다음 우리말을 중국어로 옮기시오.

1) 나는 일찍이 독어를 배운 적이 있지만, 그러나 지금은 말할 줄 모른다.

…………………………………………………………………

2) 그가 은행에서 일할 때, 나는 그를 세 번 만난 적이 있다.

…………………………………………………………………

3) 그는 중국에서 2년 동안 중국어를 배운 적이 있다.

…………………………………………………………………

4) 비록 내가 전에 그들과 만난 적은 없지만, 그들의 상황은 진작부터 들었다.

…………………………………………………………………

5) 중국에 온 후에 나는 여태껏 병이 난 적이 없다.

…………………………………………………………………

6) 내가 그 곳에 한 번 간적이 있으니, 어떻게 가는지 너희들에게 알려 줄 수 있다.

…………………………………………………………………

7) 나는 그에게 여러 차례 권한 적이 있지만, 그는 들으려고 하지 않았다.

…………………………………………………………………

8) 저 교수님은 중국에서 온 대학원생을 지도한 적이 있습니까?

…………………………………………………………………

9) 나는 작년에 그녀와 함께 공원에서 산보 한 적이 있다.

…………………………………………………………………

10) 나는 엄마와 함께 아저씨가 하는 식품점에 김치를 사러 간 적이 있습니다.

………………………………………………………………………………

* 다음 단어를 어순에 알맞게 배열하세요.

1) 用 写 汉语 过 我 信

………………………………………………………………………………

2) 我 也 其实 没有 这种 吃 水果 过

………………………………………………………………………………

3) 上海 一次 我 在 过 她 见

………………………………………………………………………………

4) 她 结过婚 跟 谁

………………………………………………………………………………

5) 打过架 从来 别人 我 没 跟

………………………………………………………………………………

단어정리

德语(Déyǔ): 독일어.
虽然 ~ 但是(Suīrán ~dànshì): 비록 ~한다 할지라도.
情况(Qíngkuàng): 상황.
生病(Shēngbìng): 병이 나다.
劝(Quàn): 권하다.
指导(Zhǐdǎo): 지도하다.
散步(Sànbù): 산보하다, 산보.
水果(Shuǐguǒ): 과일.
打架(Dǎjià): 싸우다.
早就(Zǎojiù): 벌써, 이미.
告诉(Gàosù): 알려주다.
教授(Jiàoshòu): 교수.
研究生(Yánjiūshēng): 대학원생.
其实(Qíshí): 사실.
结婚(Jiéhūn): 결혼, 결혼하다.

제 20 과
동작의 진행형

동사 앞에 부사 "正在, 正, 在"를 붙이거나, 문장 마지막에 "呢"를 붙여서 동작의 진행을 나타낼 수 있다. 또 "正在, 正, 在"는 "呢"와 동시에 사용할 수도 있다.

1. 진행형의 구조

① 正在 / 正 / 在+동사+(呢)

② 문장 마지막+呢

他们正在吃饭(呢). (그들은 밥을 먹고 있는 중이다.)
Tāmen zhèngzài chīfàn(ne).

他们正吃饭(呢). (그들은 밥을 먹고 있는 중이다.)
Tāmen zhèng chīfàn (ne).

他们在吃饭(呢). (그들은 밥을 먹고 있는 중이다.)
Tāmen zài chīfàn(ne).

他们吃饭呢. (그들은 밥을 먹고 있는 중이다.)
Tāmen chīfàn ne.

他正在调查(呢). (그는 조사하고 있는 중이다.)
Tā zhèngzài diàochá (ne).

他正打电话(呢). (그는 전화하고 있는 중이다.)
Tā zhèng dǎ diànhuà (ne).

他在休息(呢). (그는 휴식하고 있는 중이다.)
Tā zài xiūxi (ne).

他上课呢. (그는 수업하고 있는 중이다.)
Tā shàngkè ne.

大家在踢足球. (모두 축구를 하고 있는 중이다.)
Dàjiā zài tī zúqiú.

李老师正在给学生们补课呢.
(이 선생님은 학생들에게 보충수업을 해 줍니다.)
Lǐ lǎoshī zhèngzài gěi xuéshēngmen bǔkè ne.

现在开会呢, 过一会儿再来.
(지금 회의 중이니, 잠시 후에 다시 오세요.)
Xiànzài kāihuì ne, guò yí huìr zài lái.

2. 진행형의 부정문

"没有 + (在) + 동사"

在는 부정문에 쓸 수 있지만, 正과 正在는 쓸 수 없다.

他没在吃饭, 他在学习. (그는 밥을 먹지 않고, 공부하고 있다.)
Tā méi zài chīfàn, tā zài xuéxí.

我妹妹没在听音乐，她在看电视.
(내 여동생은 음악을 듣지 않고, TV를 보고 있다.)
Wǒ mèimei méi zài tīng yīnyuè, tā zài kàn diànshì.

他在看报吗? 他没看报, 在看书呢.
(그는 신문을 보고 있습니까? 그는 신문을 보지 않고, 책을 보고 있다.)
Tā zài kàn bào ma? Tā méi kàn bào, zài kàn shū ne.

他没在看书, 在睡午觉呢.
(그는 책을 보지 않고, 낮잠을 자고 있다.)
Tā méi zài kàn shū, zài shuì wǔ jiào ne.

我们没踢足球, 在打篮球呢.
(우리들은 축구를 하지 않고, 농구를 하고 있다.)
Wǒmen méi tī zúqiú, zài dǎ lánqiú ne.

3. 진행형의 의문문

질문할 때 吗를 사용할 수 있고, 의문대명사를 써서 질문할 수 도 있다. 의문대명사 의문문에는 "呢"를 같이 사용할 수 있다.

他在打电话吗? (그는 전화를 하고 있는 중입니까?)
Tā zài dǎ diànhuà ma?

－是 / 对. (그래요.)
Shì / duì.

－没有打电话. (전화를 하고 있지 않습니다.)
Méiyǒu dǎ diànhuà.

你在干什么呢? (당신은 무엇을 하고 있는 중입니까?)
Nǐ zài gàn shénme ne?

你在写什么呢? (당신은 무엇을 쓰고 있는 중입니까?)
Nǐ zài xiě shénme ne?

谁在看电视呢? (누가 텔레비전을 보고 있니?)
Shéi zài kàn diànshì ne?

4. 진행형의 시제

동작의 진행과 시간은 고정된 관계가 아니기 때문에 현재, 과거, 미래에 모두 사용할 수 있다.

现在我们正在上课呢.
(지금 우리는 수업을 하고 있는 중이다.) (현재)
Xiànzài wǒmen zhèngzài shàngkè ne.

昨天我去他家的时候, 他正在看电视.
(어제 내가 그의 집에 갔을 때, 그는 TV를 보고 있는 중이었다.) (과거)
Zuótiān wǒ qù tā jiā de shíhòu, tā zhèngzài kàn diànshì.

今天晚上你去找他, 他一定正在念课文.
(오늘 저녁 당신이 그를 찾아가면, 그는 반드시 본문을 읽고 있을 것이다.) (미래)
Jīntiān wǎn shang nǐ qù zhǎo tā, tā yí dìng zhèngzài niàn kèwén.

연습문제

* 다음 우리말을 중국어로 옮기시오.

1) 우리는 시험을 준비하고 있다.

....

2) 엄마는 부엌에서 밥하고 계십니다.

....

3) 친구들이 도처에서 너를 찾고 있는 중이야.

....

4) 선생님께서 교실에 들어오셨을 때, 너희들은 무엇을 하고 있었니? 그때 우리들은 휴식하고 있었어요.

....

5) 그는 숙제를 하고 있니? 아니요, 그는 인터넷을 하고 있었요.

....

6) 너희들 떠들지 마라, 아빠께서 주무시고 계시는 중이다.

....

7) 우리는 한담을 하고 있는 중이 아니라, 우리들은 열렬히 중국역사를 토론하고 있는 중이에요.

....

8) 어떤 사람은 그림을 그리고 있고, 어떤 사람은 책을 보고 있다.

....

9) 어제 내가 그의 집에 갔을 때, 그는 공부하고 있는 중이었다.

....

10) 내일 당신이 그녀를 찾아가면, 그녀가 기다리고 있을 거야.

……………………………………………………………………

* 다음 단어를 어순에 알맞게 배열하세요.

1) 在　什么　你　呢　音乐　听

……………………………………………………………………

2) 朋友　宿舍　我　呢　在　睡觉

……………………………………………………………………

3) 写　他　正　文章　在　呢

……………………………………………………………………

4) 没　我妹妹　唱　歌儿, 呢　歌儿　在　听

……………………………………………………………………

5) 爸爸　睡觉　没, 文章　呢　写　在

……………………………………………………………………

단어정리

考试(Kǎoshì): 시험.
厨房(Chúfáng): 부엌.
做饭(Zuòfàn): 밥을 하다, 밥을 짓다.
到处(Dàochù): 도처.
教室(Jiàoshì): 교실.
休息(Xiūxi): 휴식, 휴식하다.
上网(Shàngwǎng): 인터넷을 하다.
吵闹(Chǎonào): 떠들다.
聊天(Liáotiān): 잡담하다, 한담하다.
热烈(Rèliè): 열렬히.
讨论(Tǎolùn): 토론하다, 토론.
中国歴史(Zhōngguólìshǐ): 중국역사.
画儿(Huàr): 그림.
有的人(Yǒuderén): 어떤 사람.
音乐(Yīnyuè): 음악.
朋友(Péngyǒu): 친구.
宿舍(Sùshè): 기숙사.
睡觉(Shuìjiào): 잠을 자다.
文章(Wénzhāng): 문장.

제 21 과
동작의 지속형

동사 뒤에 동태조사 着을 붙이면 어떤 동작이 지속되고 있음을 나타낸다. 또 어떤 동작이 취해 진 후, 그 동작의 결과가 일정한 상태로 계속 유지되고 있음을 나타내며, 이러한 용법은 주로 어떤 상황을 묘사하는데 사용된다.

1. 지속형의 구조 및 긍정문

[동사 + 着]

1) 동작의 지속

① 사람의 신체동작을 나타내는 동사가 동태조사 着과 함께 쓰여 동작이 지속됨을 나타낸다.

坐+着=坐着 (Zuòzhe)(앉아 있다.)
躺+着=躺着(Tǎngzhe)(누워 있다.)
站+着=站着(Zhànzhe)(서 있다.)

他在沙发上坐着. (그는 소파에 앉아 있다.)
Tā zài shāfā shang zuòzhe.

我爷爷在床上躺着. (내 할아버지는 침대에 누워 계신다.)
Wǒ yéye zài chuángshang tǎngzhe.

学生们在教室里站着. (학생들이 교실에서 서 있다.)
Xuéshēngmen zài jiàoshìli zhànzhe.

② 동태조사 着은 동작의 진행을 나타내는 부사 正在, 正, 在, 呢 등과 함께 사용할 수 있다.

我正在打着电话呢. (나는 전화를 걸고 있다.)
Wǒ zhèngzài dǎzhe diànhuà ne.

我们正在谈着话呢. (우리는 이야기를 하고 있다.)
Wǒmen zhèngzài tánzhe huà ne.

他们在开展着热烈的讨论. (그들은 열띤 토론을 벌이고 있다.)
Tāmen zài kāizhǎnzhe rèliè de tǎolùn.

他在低着头呢. (그는 고개를 숙이고 있다.)
Tā zài dīzhe tóu ne.

2) 상태의 지속

동사 뒤에 동태조사 着을 붙여 어떤 동작이 취해진 후, 그 동작의 결과가 일정한 상태로 계속 유지되고 있음을 나타낸다. 그러나 이때는 진행을 나타내는 부사 正在, 正, 在, 呢 등과 같이 쓸 수 없다.

放+着=放着(Fàngzhe)(놓여져 있다.)
开+着=开着(Kāizhe)(열려져 있다.)(켜져 있다.)
挂+着=挂着(Guàzhe)(걸려져 있다.)

桌子上放着一本书. (책상 위에는 책 한 권이 놓여 있다.)
Zhuōzishang fàngzhe yì běn shū.

窗户开着, 门也开着. (창문이 열려 있고, 문도 열려 있다.)
Chuāng hù kāizhe, mén yě kāizhe.

墙上挂着一张世界地图. (벽에 한 장의 세계지도가 걸려 있다.)
Qiángshang guàzhe yì zhāng shìjièdìtú.

3) 동작의 방식

① 동사가 동태조사 着과 함께 사용되면 어떤 동작이나 행동의 방식을 나타낸다.

站	着(Zhànzhe): 서서 ~하다
坐 +着+동사	坐着(Zuòzhe): 앉아서 ~하다
看	看着(Kànzhe): 보면서 ~하다

老师站着讲课, 我们坐着听课.
(선생님은 서서 강의하시고, 우리는 앉아서 수업을 듣는다.)
Lǎoshī zhànzhe jiǎngkè, wǒmen zuòzhe tīngkè.

他总是看着报吃饭. (그는 항상 신문 보면서 밥을 먹는다.)
Tā zǒngshì kànzhe bào chīfàn.

小孩儿哭着叫妈妈. (어린애가 울면서 엄마를 부른다.)
Xiǎoháir kūzhe jiào māma.

妹妹听着音乐睡觉呢. (여동생은 음악을 들으면서 자고 있다.)
Mèimei tīngzhe yīnyuè shuìjiào ne.

妈妈带着孩子去学校了. (엄마는 아이를 데리고 학교에 갔다.)
Māma dàizhe háizi qù xuéxiào le.

他坐着看书. (그는 앉아서 책을 본다.)
Tā zuòzhe kàn shū.

她笑着说. (그녀는 웃으면서 말한다.)
Tā xiàozhe shuō.

我们站着唱歌. (우리는 서서 노래 부른다.)
Wǒmen zhànzhe chànggē.

他低着头走路. (그는 머리를 숙이고 길을 간다.)
Tā dīzhe tóu zǒu lù.

② 동태조사 着을 동사 뒤에 붙여, 상태나 동작이 잠시 동안 지속되는 것을 나타내어 "그 동작을 해보니 결과가 어떻다." 혹은 "행동이나 사물의 특징이 감각적으로 어떻게 느껴지다" 등을 표현 할 수 있다.

这件衣服穿着正合适. (이 옷은 입기에 딱 알맞다.)
Zhè jiàn yīfu chuānzhuó zhèng héshì.

这个房子, 你住着怎么样? (이 집에 당신이 살아보니 어때요?)
Zhè ge fángzi, nǐ zhùzhe zěnmeyàng?

你吃着怎么样? 吃着很好吃.
(당신 먹어보니 어때요? 먹어보니 아주 맛있어요.)
Nǐ chīzhe zěnmeyàng? Chīzhe hěn hào chī.

③ 동태조사 着은 일부동사 뒤에 붙어 관용적으로 쓰이는 경우도 있는데, 이런 경우 대체로 전치사적 의미를 지닌다.

趁着Chènzhe(~을 타서: 기회, 틈 따위)
沿着Yánzhe(~을 따라서)

顺着Shùnzhe(~을 따라서)
随着Suízhe(~을 따라서)
朝着Cháozhe(~을 향해서)
向着Xiàngzhe(~을 향해서)
为着Wèizhe(~을 위해서)
冒着Màozhe(~을 무릅쓰고)
接着Jiēzhe(~에 이어서)
照着Zhàozhe, 跟着Gēnzhe, 凭着Píngzhe(~을 따라서)

照着他的话做. (그의 말대로 한다.)
Zhàozhe tā de huà zuò.

你跟着他去呢. (당신은 그를 따라 가세요.)
Nǐ gēnzhe tā qù ne.

你凭着良心办吧. (당신은 양심에 따라 하세요.)
Nǐ píngzhe liángxīn bàn ba.

2. 지속형의 부정문

[没有 + 동사 + 着]

他没有站着, 坐着呢. (그는 서 있지 않고, 앉아 있다.)
Tā méiyǒu zhànzhe, zuò zhe ne.

窗户没有开着, 门开着. (창문은 열려 있지 않고, 문은 열려 있다.)
Chuāng hù méiyǒu kāizhe, mén kāizhe.

3. 지속형의 의문문

① 동사+着 ~吗?

② 동사+着+没有?

③ 동사+着+의문대사?

门开着吗? (문이 열려 있습니까?)
Mén kāizhe ma?

门开着没有? (문이 열려 있습니까?)
Mén kāizhe méiyǒu?

电视关着吗? (텔레비전이 꺼져 있습니까?)
Diànshì guānzhe ma?

电视关着没有? (텔레비전이 꺼져 있습니까?)
Diànshì guānzhe méiyǒu?

桌子上放着什么呢? (탁자 위에 무엇이 놓여 있습니까?)
Zhuōzishang fàngzhe shénme ne?

4. 지속형의 시제

지속형은 진행형과 같이 과거나 현재, 미래의 어느 시점에서도 사용할 수 있으며, 시간은 "昨天"이나 "明天" 등 시간을 나타내는 단어로 나타낸다.

① 과거

昨天我去找他的时候, 他正打着电话呢.
(어제 내가 그를 찾아갔을 때, 그는 전화를 하고 있었다.)
Zuótiān wǒ qù zhǎo tā de shíhòu, tā zhèng dǎzhe diànhuà ne.

② 현재

外面正下着雨呢. (밖에 비가 내리고 있다.)
Wàimiàn zhèng xiàzhe yǔ ne.

③ 미래

明天你来这儿的时候, 他一定会看着足球比赛.
(내일 당신이 이곳에 왔을 때, 그는 틀림없이 축구경기를 보고 있을 거예요.)
Míngtiān nǐ lái zhèr de shíhòu, tā yí dìng huì kànzhe zúqiú bǐsài.

연습문제

* 다음 우리말을 중국어로 옮기시오.

1) 거리에 사람은 없고 가로 등 만이 밝혀져 있다.

....

2) 그들은 차를 마시면서 이야기한다.

....

3) 옷장 속에는 몇 벌의 옷이 걸려져 있다.

....

4) 나는 밥을 먹으면서 텔레비전 보는 것을 좋아한다.

....

5) 벽에는 그림이 걸려져 있지 않고, 단지 한 장의 중국지도 만이 걸려져 있다.

....

6) 이 편지봉투에는 발신인의 주소와 이름이 씌어 있지 않아요.

....

7) 그녀는 목에 진주목걸이를 걸고 있다.

....

8) 이 의자는 앉아보니 정말 편하다.

....

9) 그 학생은 눈물을 닦으면서 말을 합니다.

....

10) 누워서 책을 보면 눈에 나쁘다.

....

*** 다음 단어를 어순에 알맞게 배열하세요.**

1) 躺　病人　着　在　上　床

………………………………………………………………………

2) 妈妈　音乐　呢　着　睡觉　听

………………………………………………………………………

3) 他　着　收拾　忙　行李

………………………………………………………………………

4) 手提包里　放着　她　的　化粧品　各种各样　的

………………………………………………………………………

5) 跟着　你　去　他　吧

………………………………………………………………………

단어정리

路灯(Lùdēng): 가로등.
挂(Guà): 걸다.
鲜花(Xiānhuā): 생화.
寄信人(Jìxìnrén): 발신인.
脖子(Bózi): 목.
项链(Xiàngliàn): 목걸이.
擦(Cā): 닦다.
手提包(Shǒutíbāo): 핸드백.
化粧品(Huàzhuāngpǐn): 화장품.
墙(Qiáng): 담, 벽.
病人(Bìngrén): 환자.
衣柜(Yīguì): 옷장.
花瓶(Huāpíng): 꽃병.
信封(Xìnfēng): 편지봉투.
地址(Dìzhǐ): 주소.
珍珠(Zhēnzhū): 진주.
舒服(Shūfu): 편안하다.
眼泪(Yǎnlèi): 눈물.
各种各样(Gèzhǒnggè yàng): 다양한.
眼睛(Yǎnjīng): 눈.
中国地图(Zhōngguódìtú): 중국지도.
床(Chuáng): 침대.
音乐(Yīnyuè): 음악.　收拾(Shōu shi): 정리하다, 수습하다, 거둬들이다.
行李(Xíng li): 짐.

제 22 과
동작의 임박형

어떤 동작이나 상황이 가까운 시간 안에 곧 발생함을 나타낸다.

1. "要+동사+了"

① 가까운 미래를 나타내며, "곧(막) ~하려고 하다"라는 뜻을 지닌다.

天要黑了. (이 곧 어두워지려 한다.)
Tiān yào hēi le.

火车要开了. (기차가 곧 출발하려고 한다.)
Huǒchē yào kāi le.

② 여기 "要+동사+了"구문에서 "要" 앞에 부사 就, 快, 将을 붙여 어떤 동작이나 상황이 더욱 더 곧 발생하려 함을 나타낸다.

2. "就要+동사+了"

이 문형은 회화체에 많이 쓰이며 "就要 ~了" 앞에 구체적인 시간을 나타내는 시간명사를 쓸 수 있다.

客人就要来了. (손님이 곧 오려고 한다.)
Kèrén jiù yào lái le.

明天我就要回国了. (내일 나는 바로 귀국하려고 한다.)
Míngtiān wǒ jiù yào huíguó le.

明年我就要毕业了. (내년에 나는 곧 졸업하려고 한다.)
Míngnián wǒ jiù yào bìyè le.

我们十月二十号就要考试了.
(우리는 10월 20일 바로 시험 보려고 한다.)
Wǒmen shí yuè èr shí hào jiù yào kǎoshì le.

3. "快+동사+了"

① 이 문형도 회화체에 많이 사용되나, "快要 ~了" 앞에 구체적인 시간을 나타내는 시간명사를 쓸 수 없다.

天气快要冷了. (날씨가 곧 추워지려고 한다.)
Tiānqì kuàiyào lěng le.

他们快要放假了. (그들은 곧 방학하려고 한다.)
Tāmen kuàiyào fàngjià le.

明年我们快要毕业了(Míngnián wǒmen kuàiyào bìyè le.)(×)

여기에서 明年이란 시간명사가 있어서 快 앞에는 쓸 수 없다.

② 또 "快要 ~了"의 문장에서 要를 생략하고 "快 ~了"로 표현할 수 있다.

风快停了. (바람이 곧 멈추려 한다.)

Fēng kuài tíng le.

衣服快干了. (옷이 곧 마르려 한다.)
Yīfu kuài gān le.

4. "将要 + 동사 + 了"

주로 서면어에 많이 사용되며, "将要 ~了" 앞에 구체적인 시간을 나타내는 시간명사를 쓸 수 있다.

他将要回国了. (그는 곧 귀국하려 한다.)
Tā jiāngyào huíguó le.

他明天将要回国了. (그는 내일 바로 귀국하려고 한다.)
Tā míngtiān jiāngyào huíguó le.

我们将要分开了. (우리는 곧 헤어지려고 한다.)
Wǒmen jiāngyào fēnkāi le.

他下个星期将要离开北京了.
(그는 다음 주에 바로 북경을 떠나려고 한다.)
Tā xià ge xīngqī jiāngyào líkāi běijīng le.

5. 의문문은 문장 마지막에 "吗"를 붙이고, 긍정의 대답은 "对" 혹은 "是"이고, 부정의 대답은 "还没 ~(呢)"를 사용한다.

音乐会就要开始了吗? (음악회가 곧 시작되려고 합니까?)
Yīnyuè huì jiù yào kāishǐ le ma?

－对 / 是(예) Duì / shì
－还没开始呢. (아직 시작 하지 않습니다.)
Hái méi kāishǐ ne.

他还没离开学校呢. (그는 아직 학교를 떠나지 않았어.)
Tā hái méi líkāi xuéxiào ne.

学校还没放假呢. (학교는 아직 방학하지 않았어.)
Xuéxiào hái méi fàngjià ne.

연습문제

* 다음 우리말을 중국어로 옮기시오.

1) 비가 그치고, 하늘이 곧 개이려고 한다.

……………………………………………………………………

2) 날씨가 곧 추워지려고 하니, 나는 웨투를 준비해야겠다.

……………………………………………………………………

3) 우리학교는 12월 20일에 바로 겨울방학을 하려고 한다.

……………………………………………………………………

4) 그는 곧 퇴원하려고 한다.

……………………………………………………………………

5) 기차가 곧 떠나려고 하니, 차에 오르세요.

……………………………………………………………………

6) 듣자하니 그들은 곧 결혼하려고 합니다.

……………………………………………………………………

7) 그는 다음 주에 바로 중국으로 유학가려고 합니다.

……………………………………………………………………

8) 날씨가 흐려지더니 곧 비가 오려고 한다.

……………………………………………………………………

9) 중국어 웅변대회가 곧 시작되려고 합니까? 아직 시작하지 않았습니다.

……………………………………………………………………

10) 내일이 시험이니, 오늘 저녁에 나는 밤을 세려고 한다.

……………………………………………………………………

* 다음 단어를 어순에 알맞게 배열하세요.

1) 火车　就　开　要　了　马上

……………………………………………………………………

2) 下星期　要　就　北京　离开　他　了

……………………………………………………………………

3) 电影　了　进去　我们　开始　要　吧

……………………………………………………………………

4)火车 到站 快　了, 父母　不要　身边　离开

……………………………………………………………………

5) 就要　十分钟　上课　以后　了

……………………………………………………………………

단어정리

晴(qíng): 맑다, 개다.
大衣(Dàyī): 웨투.
出院(Chūyuàn): 퇴원하다.
阴(Yīn): 흐리다.
演讲大赛(Yǎnjiǎngdàsài): 웅변대회.
开夜车(Kāiyèchē): 밤을 세다.
火车(Huǒchē): 기차.
马上(Mǎ shang): 곧, 바로.
下星期(Xià xīngqī): 다음주.
到站(Dàozhàn): 역에 도착하다.
身边(Shēnbiān): 신변.
离开(Líkāi): 떠나다.

제 23 과
관형어

명사나 명사구를 수식하면서 사람이나 사물의 성질, 모습, 수량, 범주 등을 나타내는 문장성분을 관형어라 한다. 이때 관형어의 수식을 받는 명사나 명사구를 중심어라 한다. 관형어와 중심어 사이에는 일반적으로 구조조사 的가 놓인다.

명사 대명사 수사, 수량구 형용사, 형용사구 동사, 동사구 주술구	+ 的	+ 중심어

1. 관형어의 구성

1) 명사가 관형어인 경우

소유나 종속관계를 나타내는 명사나 시간, 장소를 나타내는 명사가 관형어로 쓰일 때는 대개 중심어 앞에 的을 놓는다.

这是我妈妈的帽子. (이것은 내 엄마의 모자이다.)
Zhè shì wǒ mā ma de màozi.

张老师的家在釜山. (장 선생님의 집은 부산이다.)
Zhāng lǎoshī de jiā zài fǔshān.

南边的大楼是图书馆. (남쪽의 건물은 도서관이다.)
Nánbian de dàlóu shì túshūguǎn.

2) 대명사가 관형어인 경우

① 인칭대명사가 관형어로 쓰일 경우, 이때 的는 소유관계를 나타낸다.

他的词典是新的. (그의 사전은 새 것이다.)
Tā de cídiǎn shì xīn de.

我的书包在教室里(내 책가방은 교실 안에 있다.)
Wǒ de shūbāo zài jiàoshìli.

② 중심어가 가족관계나 소속단체 등을 나타낼 때에는 일반적으로 的를 쓰지 않는다.

这是我姐姐. (이 분이 내 누나이다.)
Zhè shì wǒ jiějie.

你爸爸在哪个公司工作? (당신 아빠는 어느 회사에서 일합니까?)
Nǐ bàba zài nǎ ge gōngsī gōngzuò?

③ 지시대명사가 양사와 함께 관형어로 쓰일 때는 的를 쓰지 않는다.

这本书是我的. (이 책은 내 것이다.)
Zhè běn shū shì wǒ de.

那部電影很有意思. (그 영화는 매우 재미있다.)
Nà bù diànyǐng hěn yǒuyìsi.

3) 수사, 수량구가 관형어일 경우

수사가 관형어로 쓰일 때에는 일반적으로 的를 쓰지만, 양사가 붙을 때는 的를 쓰지 않는다.

四的两倍是八. (4의 2배는 8이다.)
Sì de liǎng bèi shì bā.

百分之九十的生词我都记住了.
(90%의 새로운 단어를 나는 모두 기억했다.)
Bǎi fēn zhī jiǔ shí de shēngcí wǒ doū jì zhù le.

我要买一件衣服. (나는 옷 한 벌을 사려고 한다.)
Wǒ yāo mǎi yí jiàn yīfu.

我送给她一束花. (나는 그녀에게 꽃 한 다발 선사한다.)
Wǒ sòng gěi tā yí shù huā.

4) 형용사, 형용사구가 관형어인 경우

① 단음절로 된 형용사가 관형어로 쓰일 때는 的를 쓰지 않는다.

他们俩是好朋友. (그들 두 사람은 좋은 친구이다.)
Tāmen liǎ shì hǎo péngyǒu.

我喜欢穿新西服. (나는 새 양복 입기를 좋아합니다.)
Wǒ xǐhuān chuān xīn xīfu.

② 형용사 多나 少는 일반적으로 앞에 很이나 不을 붙여 관형어로 쓰이지만, 이때 的를 쓰지 않고 중심어를 수식한다.

他星期天去书店买了很多书.
(그는 일요일 날 서점에 가서 매우 많은 책을 샀다.)
Tā xīngqítiān qù shūdiàn mǎi le hěnduō shū.

我了解了不少情况. (나는 적지 않은 상황을 이해했다.)
Wǒ liǎojiě le bù shǎo qíngkuàng.

③ 이음절로 된 형용사가 관형어가 될 때에는 중심어 앞에 的를 쓰지만, 어떤 때는 생략할 수도 있다.

他是一位年轻的医生. (그는 젊은 의사이다.)
Tā shì yí wèi niánqīng de yīshēng.

他有一个幸福(的)家庭. (그는 행복한 가정을 지니고 있다.)
Tā yǒu yí ge xìngfú (de) jiātíng.

④ 형용사구가 관형어로 쓰일 때에는 반드시 的를 써서 중심어를 수식한다.

桂林是一座非常美丽的城市. (계림은 대단히 아름다운 도시이다.)
Guìlín shì yí zuò fēicháng měilì de chéngshì.

她是一个很漂亮的姑娘. (그녀는 매우 아름다운 아가씨이다.)
Tā shì yí ge hěn piàoliang de gūniáng.

5) 동사, 동사구가 관형어일 경우

① 동사가 관형어로 쓰일 때에는 보통 동사 뒤에 的가 붙는다.

这是卖的东西. (이것은 파는 물건이다.)
Zhè shì mài de dōng xi.

我看的那本小说很有意思. (내가 본 그 소설은 매우 재미있다.)
Wǒ kàn de nà běn xiǎoshuō hěn yǒuyìsi.

那是昨天我从图书馆借来的书.
(저것은 어제 내가 도서관에서 빌려 온 책이다.)
Nà shì zuótiān wǒ cóng túshūguǎn jiè lái de shū.

② 이음절 동사 뒤의 명사를 수식할 때에는 일반적으로 的를 쓰지 않는다.

他的考试成绩很不错. (그의 시험 성적은 매우 좋다.)
Tā de kǎoshì chéngjī hěn búcuò.

今天有一个庆祝晚会, 你要参加吗?
(오늘 축하파티가 있는데, 당신 참가합니까?)
Jīntiān yǒu yí ge qìngzhù wǎnhuì, nǐ yào cānjiā ma?

③ 동사구가 관형어가 될 때는 뒤에 的를 써야 한다.

这是送妈妈的花儿. (이것은 엄마에게 선사하는 꽃이다.)
Zhè shì sòng māma de huār.

那是寄给朋友的信. (저것은 친구에게 보내는 편지이다.)
Nà shì jì gěi péngyǒu de xìn.

6) 주술구가 관형어일 경우

주술구가 관형어일 경우에는 뒤에 的를 써야 한다.

那是我买的地图. (저것은 내가 산 지도이다.)
Nà shì wǒ mǎi de dìtú.

我们参观的博物馆很大. (우리가 참관한 박물관은 매우 크다.)
Wǒmen cānguān de bówùguǎn hěn dà.

这是我们上课的教室(이곳이 우리가 수업하는 교실이다.)
Zhè shì wǒmen shàngkè de jiàoshì.

2. 관형어의 배열순서

[소유관계를 나타내는 명사나 대명사→ 지시대명사→ 수량구→ 수식관계를 나타내는 형용사나 명사]

你→ 这→ 三本→ 新→ (杂志)(너의 이 세권의 새 잡지)
Nǐ ■ zhè ■ sān běn ■ xīn ■ (zázhì)

他→ 那→ 一个→ 好→ (朋友)(그의 저 한 명의 좋은 친구)
Tā ■ nà ■ yí ge ■ hǎo ■ (péngyǒu)

他那两本旧书是什么时候买的?
(그의 저 두 권의 낡은 책은 언제 산 것입니까?)
Tā nà liǎng běn jiùshū shì shénmeshíhòu mǎi de?

3. 구조조사 的가 문장 안에서 중복된 경우 앞의 的은 생략할 수 있다.

这是我(的)老师教的课本.
(이것은 우리 선생님이 가르치는 교과서이다.)
Zhè shì wǒ (de) lǎoshī jiāo de kèběn.

4. 문장 앞뒤의 환경이 뚜렷할 경우, 즉 중심어를 생략해도 뜻을 이해하는데 지장이 없을 경우에는 的 뒤의 중심어를 생략할 수 있다. 이때 구조조사 的은 반드시 수식성분인 관형어 뒤에 두어야 한다.

这本书是新的. (이 책은 새 것이다.)
Zhè běn shū shì xīn de.

他用的是国产照相机. (그가 사용한 것은 국산 카메라이다.)
Tā yòng de shì guóchǎn zhàoxiàngjī.

大的小的都有. (큰 것 작은 것 다 있다.)
Dà de xiǎo de dōu yǒu.

他吃大苹果, 我吃小的.
(그는 큰 사과를 먹고, 나는 작은 것을 먹는다.)
Tā chī dà píngguǒ, wǒ chī xiǎo de.

你手里拿的是什么? (당신 손에 가지고 있는 것은 무엇입니까?)
Nǐ shǒuli ná de shì shénme?

我关心的是现在. (내가 관심 있는 것은 현재이다.)
Wǒ guānxīn de shì xiànzài.

5. 중심어가 생략된 的자 구조로 어떤 직업에 종사하고 있다는 의미를 나타내기도 한다.

[동사 + 목적어 + 的 (~하는 사람)]

擦皮鞋的(Cāpíxiéde): 구두닦이(擦鞋童: Cāxiétóng: 구두닦이 소년)
送信的(Sòngxìnde): 우편배달부(邮递员: Yóudìyuán)(邮差: Yóuchāi)
送报的(Sòngbàode): 신문배달부(报童 / 报差bàotóng / bào chà)
做买卖的(Zuòmǎimàide): 상인(做生意的)(Zuòshēngyìde)
开车的(Kāichēde): 기사(司机)(Sījī)
种田的(Zhòngtiánde): 농부
教书的(Jiāoshūde): 교사(老师)(Lǎoshī)
他是做买卖的. (Tāshìzuòmǎimàide). (그는 장사하는 사람이다.)

연습문제

* 다음 우리말을 중국어로 옮기시오.

1) 어디가 그들이 수업하는 곳입니까?

....

2) 내일은 당신 남동생의 생일입니다.

....

3) 이것은 내가 여자 친구에게 보내는 선물이다.

....

4) 나의 이 두 권의 새 영한사전은 지난주에 산 것이다.

....

5) 이 아이는 매우 많은 장난감을 가지고 있다.

....

6) 저 사람은 무엇 하는 사람입니까? 그는 교사입니다.

....

7) 이것이 어제 맞춘 안경입니까?

....

8) 중국어로 중국인과 이야기한 저 외국인은 한국대학의 유학생입니다.

....

9) 이것은 우리 엄마가 만든 간식입니다.

....

10) 경주는 대단히 오래된 도시이다.

....

* 다음 단어를 어순에 알맞게 배열하세요.

1) 的　张　谦虚　人　是　先生

………………………………………………………………………

2) 那个人　是　跟　他　握手的　我朋友

………………………………………………………………………

3) 他　电影　看的　那个　有意思　很

………………………………………………………………………

4) 我　杂志　姐姐　给　是　的

………………………………………………………………………

5) 他　的　买卖　是　做

………………………………………………………………………

단어정리

生日(Shēngrì): 생일.

送(Sòng): 보내다, 선사하다.

英韩词典(Yīngháncídiǎn): 영한사전.

上个星期(Shàng ge xīng qī): 지난주.

玩具(Wánjù): 장난감.

配(Pèi): (안경)마추다.

眼镜(Yǎnjìng): 안경.

外国人(Wàiguórén): 외국인.

留学生(Liúxuéshēng): 유학생.

点心(Diǎnxīn): 간식.

庆州(Qìngzhōu): 경주.

古老(Gǔlǎo): 오래된.

城市(Chéngshì): 도시.

谦虚(Qiānxū): 겸허하다.

握手(Wòshǒu): 악수하다, 손을 잡다.

有意思(Yǒuyìsi): 재미있다.

제 24 과
부사어

일반적으로 동사와 형용사를 수식하며, 어떤 동작이 진행되는 시간, 장소, 방법, 범위, 성질 및 상태의 정도를 설명하는 성분을 부사어라 한다.

부사어는 보통 부사, 형용사(구), 전치사구 및 시간이나 장소를 나타내는 명사로 이루어진다.

1. 부사어의 구성

1) 부사가 부사어가 될 경우

① 부사가 부사어가 될 때는 구조조사 "地"를 쓰지 않는다.

他们常常坐公共汽车. (그들은 자주 버스를 탄다.)
Tāmen chángcháng zuò gōnggòngqìchē.

我非常同意他们的意见. (나는 대단히 그들의 의견에 동의한다.)
Wǒ fēicháng tóngyì tāmen de yìjiàn.

② 그러나 일부 상태부사는 地를 쓸 수 있다.

天气渐渐地暖和了. (날씨가 점점 따뜻해졌다.)
Tiānqì jiànjiàn de nuǎnhuo le.

2) 형용사가 부사어가 될 경우

① 단음절 형용사가 부사어가 될 때에는 일반적으로 구조조사 "地"를 쓰지 않는다.

你要少说话. (너는 말을 조금만 해라.)
Nǐ yào shǎo shuōhuà.

学习汉语应该多听, 多说, 多读, 多写.
(중국어를 학습할 때는 마땅히 많이 듣고, 많이 말하고, 많이 읽고, 많이 써야 한다.)
Xuéxí hànyǔ yīnggāi duō tīng, duō shuō, duō dú, duō xiě.

② 이음절 형용사가 부사어가 될 때나 형용사 앞에 정도를 나타내는 부사 "很", "十分", "非常" 등이 올 때에는 구조조사 "地"를 써야 한다.

王老师热情地教我们汉语.
(왕 선생님은 열정적으로 우리들에게 중국어를 가르칩니다.)
Wáng lǎoshī rèqíng de jiāo wǒmen hànyǔ.

他非常高兴地去了家乡. (그는 매우 기뻐하며 고향으로 갔습니다.)
Tā fēicháng gāoxìng de qù le jiāxiāng.

他很快地吃了两个面包. (그는 매우 빨리 빵 두 개를 먹었다.)
Tā hěn kuài de chī le liǎng ge miànbāo.

③ 그러나 이음절 형용사 중 认真, 努力, 仔细, 明确, 安全 등은 地를 생략할 수 있다. 또 형용사의 중첩형도 地를 생략 할 수 있다.

我们努力(地)学习, 积极(地)锻链身体.
(우리들은 열심히 공부하고, 적극적으로 몸을 단련합니다.)
Wǒmen nǔlì (de) xuéxí, jījí (de) duànliàn shēntǐ.

你要好好儿(地)想想这个问题.
(너는 이 문제를 잘 좀 생각해봐야 한다.)
Nǐ yào hǎohāor (de) xiǎng xiǎng zhè ge wèntí.

3) 전치사구가 부사어가 될 경우

전치사와 목적어로 이루어진 전치사구는 문장 중에 쓰여 부사어가 된다.

他在学校工作, 她在医院工作.
(그는 학교에서 일하고, 그녀는 병원에서 일합니다.)
Tā zài xuéxiào gōngzuò, tā zài yīyuàn gōngzuò.

我们从今年三月开始学汉语.
(우리는 금년 3월부터 중국어를 배우기 시작했습니다.)
Wǒmen cóng jīnnián sān yuè kāishǐ xué hànyǔ.

我家离学校不太远. (우리 집은 학교에서 그리 멀지 않습니다.)
Wǒjiā lí xuéxiào bú tài yuǎn.

4) 시간이나 장소를 나타내는 명사가 부사어가 될 경우

시간사나 처소사가 부사어를 이룬다.

我明天要去中国旅行. (나는 내일 중국에 여행 가려고 합니다.)
Wǒ míngtiān yào qù zhōngguó lǚxíng.

外边冷，请大家里边坐！(밖이 추우니, 모두 안쪽에 앉으세요.)
Wàibian lěng, qǐng dàjiā lǐbian zuò!

5) 대명사가 부사어가 될 경우

지시대명사나 의문대명사 등이 부사어가 되어 동사 앞에 위치한다.

我们可以这样写吗? (우리들은 이렇게 써도 됩니까?)
Wǒmen kěyǐ zhèyàng xiě ma?

这个字怎么念? (이 글자는 어떻게 읽습니까?)
Zhè ge zì zěnme niàn?

6) 수량구가 부사어가 될 경우

我们一步一步地走下来了.
(우리들은 한 걸음 한 걸음씩 걸어 내려 왔다.)
Wǒmen yí bù yí bù de zǒu xià lái le.

从屋子里一个一个地出来了. (방안에서 한 명씩 한 명씩 나왔다.)
Cóng wūzili yí ge yí ge de chūlái le.

她一件一件地放在桌子上.
(그녀는 하나씩 하나씩 탁자 위에 놓았다.)
Tā yí jiàn yí jiàn de fàng zài zhuōzishang.

7) 동사가 부사어가 될 경우

동사 다음에 "地"를 쓴다.

妈妈生气地走了. (엄마는 화가 나서 가셨다.)
Māma shēngqì de zǒu le.

同学们很关心地问我身体好了吗?
(학우들은 매우 관심있게 내 건강이 좋아졌는지를 물었다.)
Tóngxuémen hěn guānxīn de wèn wǒ shēntǐ hǎo le ma?

雨不停地下着. (비가 끊임없이 내리고 있다.)
Yǔ bù tíng de xiàzhe.

2. 부사어의 배열순서

今天下午 在学校 用计算机 认真地 算了一个钟头.
[시간] [장소] [도구] [동작,행위묘사] [중심어(술어)]
(오늘 오후에 학교에서 계산기로 열심히 한 시간 동안 계산하였다.)
Jīntiān xiàwǔ zài xuéxiào yòng jìsuànjī rèn zhēn de suàn le yí ge zhōng tóu.

3. 부사어의 종류

1) 시간을 나타내는 부사어

부사는 일반적으로 동사나 형용사의 앞에 쓰이지만, 시간을 나타내는 부사어는 동사나 형용사 앞에 올 수도 있고 주어 앞에 올 수 도 있다.

今年我二十二岁了. (올해 나는 22살이 되었다.)
Jīnnián wǒ èr shí èr suì le.

他已经离开北京了. (그는 이미 북경을 떠났다.)
Tā yǐjīng líkāi běijīng le.

我从明天起开始学习汉语. (나는 내일부터 중국어를 공부한다.)
Wǒ cóng míngtiān qǐ kaishǐ xuéxí hànyǔ.

2) 장소를 나타내는 부사어

장소를 나타내는 부사어는 어떤 동작이 어디에서 발생하였는지 또는 어떤 상황이 어느 곳에서 발생하였는지를 나타낸다.

他在家里看书. (그는 집에서 공부한다.)
Tā zài jiāli kàn shū.

我们在电影院看电影. (우리는 영화관에서 영화를 본다.)
Wǒmen zài diànyǐngyuàn kàn diànyǐng.

3) 정도를 나타내는 부사어

정도를 나타내는 부사어는 사람이나 사물의 모습, 상태, 성질 등이 어느 정도에 도달했는가를 나타낸다. 보통 형용사나 감정을 나타내는 동사를 수식할 때 쓰인다.

这个姑娘非常漂亮. (이 아가씨는 아주 예쁘다.)
Zhè ge gūniáng fēicháng piàoliang.

我特别喜欢华山的风景. (나는 특별히 화산의 풍경을 좋아한다.)
Wǒ tèbié xǐhuān huàshān de fēngjǐng.

我对你的行为太失望了. (나는 너의 행동에 너무 실망했다.)
Wǒ duì nǐ de xíngwéi tài shīwàng le.

4) 방법을 나타내는 부사어

동작이 어떻게 진행되는지를 나타낸다.

昨天我们一起去看足球比赛了.
(어제 우리는 함께 축구시합을 보러 갔다.)
Zuótiān wǒmen yì qǐ qù kàn zúqiú bǐsài le.

我们经常互相学习, 互相帮助.
(우리는 늘 서로 공부하고, 서로 돕는다.)
Wǒmen jīngcháng hùxiàng xuéxí, hùxiāng bāngzhù.

5) 대상을 나타내는 부사어

대상을 나타내는 부사어는 동작의 대상이나 동작의 제공자를 나타내는데, 주로 "给, 对, 由, 跟, 向" 등의 전치사로 이루어진 전치사구가 사용된다.

妈妈给我买了一件毛衣. (엄마가 나에게 쉐터 한 벌을 사주셨다.)
Māma gěi wǒ mǎi le yí jiàn máoyī.

我对他的回答很满意. (나는 그의 대답에 매우 만족한다.)
Wǒ duì tā de huídá hěn mǎnyì.

代表团由八个人组成. (대표단은 8명으로 구성된다.)
Dàibiǎo tuán yóu bā ge rén zǔchéng.

我跟他说过那件事. (나는 그에게 그 일을 말한 적이 있다.)
Wǒ gēn tā shuōguò nà jiàn shì.

我向他借钱. (나는 그에게 돈을 빌린다.)
Wǒ xiàng tā jiè qián.

6) 목적을 나타내는 부사어

목적을 나타내는 부사어는 "~을 위하여"라는 의미로 "为", "为了" 등이 쓰인다.

为我们的友谊而干杯. (우리의 우정을 위하여 건배 합시다.)
Wèi wǒmen de yǒuyì ér gānbēi.

为了学习英语, 我到美国来了.
(영어를 배우기 위해 나는 미국에 왔다.)
Wèile xuéxí yīngyǔ, wǒ dào měiguó lái le.

7) 원인, 이유를 나타내는 부사어

원인, 이유를 나타내는 부사어는 "~때문에"란 뜻으로 동작이 일어나게 된 원인이나 이유를 나타내며, "因为, 由于" 등이 사용된다.

因为我没有钱, 所以买不起那个东西.
(나는 돈이 없기 때문에 그 물건을 살 수 없다.)
Yīnwèi wǒ méiyǒu qián, suǒyǐ mǎi bù qǐ nà ge dōng xi.

由于声音太小, 我听不到.
(소리가 너무 작기 때문에 나는 들을 수 없습니다.)
Yóuyú shēngyīn tài xiǎo, wǒ tīng bú dào.

연습문제

* 다음 우리말을 중국어로 옮기시오.

1) 수업할 때, 그는 매우 진지하게 수업을 듣습니다.

……………………………………………………………………

2) 그가 오후에 북경에 도착하니, 우리 공항에 그를 맞이하러 가자.

……………………………………………………………………

3) 바깥 날씨가 매우 추우니, 모두 안쪽으로 앉으세요.

……………………………………………………………………

4) 그는 매우 빨리 밥 한 그릇을 먹었다.

……………………………………………………………………

5) 이 아이는 아주 성실하고, 또한 아주 대담하다.

……………………………………………………………………

6) 우리는 매우 친절하게 선생님을 접대했습니다.

……………………………………………………………………

7) 그의 부모는 그가 외국에 유학 가는 것을 강렬하게 반대했다.

……………………………………………………………………

8) 우리 엄마는 자주 나에게 편지를 씁니다.

……………………………………………………………………

9) 우리들을 열렬히 환영해주셔서, 나는 여러분에게 진심으로 감사를 드립니다.

……………………………………………………………………

10) 그들은 아주 기뻐하면서 비행기를 타고 상해로 갔습니다.

……………………………………………………………………

* 다음 단어를 어순에 알맞게 배열하세요.

1) 他们　很　練习　地　做　认真

……………………………………………………………………

2) 我　喜欢　黄山　风景　的　特别

……………………………………………………………………

3) 我们　为　干杯　友好　的　关系　吧

……………………………………………………………………

4) 由　代表团　组成　十个人

……………………………………………………………………

5) 我　看书　星期天　图书馆　在

……………………………………………………………………

단어정리

认真(Rènzhēn): 진지하다.
一碗饭(yì wǎn fàn): 밥 한그릇.
热情(Rèqíng): 열정적이다, 친절하다.
反对(Fǎnduì): 반대하다.
写信(Xiěxìn): 편지를 쓰다.
欢迎(Huānyíng): 환영하다.
衷心(Zhōngxīn): 진심.
练习(Liànxí): 연습, 연습하다.
特别(Tèbié): 특별히.
关系(Guān xi): 관계.
机场(Jīchǎng): 공항.
大胆(Dàdǎn): 대담하다.
强烈(Qiánglìè): 강렬하다.
国外(Guówài): 외국.
热烈(Rèliè): 열렬하다.
表示(Biǎoshì): 표시하다, 나타내다.
感谢(Gǎnxiè): 감사하다.
风景(Fēngjǐng): 풍경.
友好(Yǒuhǎo): 우호.
星期天(Xīng qīi tiān): 일요일.

제 25 과
정도보어

동사나 형용사의 동작이나 상태의 정도 또는 동작에 대한 묘사, 평가, 판단, 결과 등을 나타내는 성분을 정도보어라고 부른다.

1. 정도보어의 구조

1) (목적어가 없을 때): [주어 + 동사 + 得 + 보어]

吃得很快. (Chī de hěn kuài.) (매우 빨리 먹는다.)
说得很流利. (Shuō de hěn liúlì.) (매우 유창하게 말한다.)
跑得很快. (Pǎo de hěn kuài.) (매우 빨리 달린다.)
飞机飞得很快. (Fēijī fēi de hěn kuài.) (비행기가 매우 빨리 난다.)
马跑得很快. (Mǎ pǎo de hěn kuài.) (말이 매우 빨리 달린다.)
他走得很慢. (Tā zǒu de hěn màn.) (그는 매우 느리게 걸었다.)
他每天起得早. (Tā měitiān qǐ de zǎo.) (그는 매일 일찍 일어났다.)
睡得很晚. (Shuì de hěn wǎn.) (매우 늦게 잤다.)
写得很清楚. (Xiě de hěn qīng chu.) (매우 분명하게 썼다.)
辛苦得很. (Xīnkǔ de hěn.) (매우 고생했다.)
苦得要命. (Kǔ de yàomìng.) (죽도록 괴롭다.)
打得厉害. (Dǎ de lìhài.) (심하게 때렸다.)
急得不得了. (Jí de bùdeliǎo.) (몹시 급하다.)

* 不得了(Bùdeliǎo)(형)

① 큰일났다, 야단났다. 哎呀, 不得了, 着火了. (Āiyā, bùdeliǎo, zháohuǒle.) (아이, 큰일났다. 불이 났다.)

② 매우 심하다. 高兴得不得了. (Gāoxìng de bùdeliǎo.). (매우 기쁘다). 忙得不得了. (Máng de bùdeliǎo.). (매우 바쁘다)

鸟儿飞得高. (새가 높이 날다.)
Niǎor fēi de gāo.

这几天他病得很厉害. (요 며칠간 그는 병이 심하게 났다.)
Zhè jǐ tiān tā bìng de hěn lìhài.

2) 정도보어는 두 개 이상 중복되어 나올 수 있다.

他写得很晚, 很清楚. (그는 매우 늦고, 매우 분명하게 썼다.)
Tā xiě de hěn wǎn, hěn qīng chu.

3) (목적어가 있을 때): [주어 + 동사 + 목적어 + 동사 + 得 + 보어]

他吃饭吃得很快. (그는 매우 빨리 밥을 먹는다.)
Tā chīfàn chī de hěn kuài.

她说汉语说得很流利. (그녀는 중국어를 매우 유창하게 한다.)
Tā shuō hànyǔ shuō de hěn liúlì.

我写汉字写得很正确. (나는 한자를 매우 정확하게 쓴다.)
Wǒ xiě hànzì xiě de hěn zhèngquè.

4) 정도보어 문장에 목적어가 있으면 동사를 한 번 중첩시킨 후 그 뒤에 보어성분을 붙이는데, 이 때 앞의 동사는 생략할 수도 있다. 또한 목적어를 문장 앞으로 둘 수 도 있다.

他(的)饭吃得很快. (그는 밥을 매우 빨리 먹는다.)
Tā (de) fàn chī de hěn kuài.

她(的)汉语说得很流利. (그녀는 중국어를 매우 유창하게 한다.)
Tā (de) hànyǔ shuō de hěn liúlì.

我(的)汉字写得很正确. (나는 한자를 매우 정확하게 쓴다.)
Wǒ (de) hànzì xiě de hěn zhèngquè.

他车开得很好. (그는 운전을 매우 잘한다.)
Tā chē kāi de hěn hǎo.

这本小说他翻译得很好. (이 소설을 그는 잘 번역했다.)
Zhè běn xiǎoshuō tā fānyì de hěn hǎo.

5) 정도보어의 부정

① [주어+동사+得+不+보어]

② [주어+동사+목적어+동사+得+不+보어]

她起得早. (그녀는 일찍 일어납니다.)
Tā qǐ de zǎo.

她起得不早. (그녀는 일직 일어나지 못합니다.)
Tā qǐ de bù zǎo.

大姐说得对. (큰 누나는 옳게 말했습니다.)
Dàjiě shuō de duì.

大姐说得不对. (큰 누나는 틀리게 말했습니다.)
Dàjiě shuō de búduì.

他写汉字写得很好. (그는 한자를 잘 씁니다.)
Tā xiě hànzì xiě de hěn hǎo.

他写汉字写得不好. (그는 한자를 잘 쓰지 못합니다.)
Tā xiě hànzì xiě de bù hǎo.

小王篮球打得很好. (샤오왕은 농구를 잘합니다.)
Xiǎo wáng lánqiú dǎ de hěn hǎo.

小王篮球打得不好. (샤오왕은 농구를 못합니다.)
Xiǎo wáng lánqiú dǎ de bù hǎo.

6) 정도보어의 의문문

① 문장 마지막에 의문조사 吗를 붙인다.

② 정도보어를 긍정과 부정으로 병렬시킨다.

③ 정도보어로 정황을 묻는 怎么样를 사용한다.

他来得早吗? (그는 일찍 옵니까?)
Tā lái de zǎo ma?

他来得早不早? (그는 일찍 옵니까?)
Tā lái de zǎo bù zǎo?

你哥哥看书看得快吗? (당신의 형은 책을 빨리 봅니까?)
Nǐ gēge kàn shū kàn de kuài ma?

你哥哥看书看得快不快? (당신의 형은 책을 빨리 봅니까?)
Nǐ gēge kàn shū kàn de kuài bú kuài?

他打网球打得怎么样? (그는 테니스 치는 게 어때?)
Tā dǎ wǎngqiú dǎ de zěnmeyàng?

他打网球打得不怎么样. (그는 테니스 치는 게 그저 그래.)
Tā dǎ wǎngqiú dǎ de bù zěnmeyàng.

7) 동작이나 상황에 의하여 어떤 결과에 도달하는 것을 표시할 경우, 동작이나 상황의 뒤에 "得"을 붙이고, 뒤에 동작이나 상황의 결과를 둔다.

我忙得一点儿空也没有. (나는 바빠서 조금의 시간도 없다.)
Wǒ máng de yì diǎnr kòng yě méiyǒu.

他热得满身都是汗. (그는 더워서 온 몸이 땀이다.)
Tā rè de mǎn shēn dōu shì hàn.

* 满身, 浑身, 全身(온 몸)

8) 대체로 형용사 뒤에 "得很, 得多. 极了"를 붙여서 동작이나 행위의 변화 상태가 매우 높은 정도에 이른 것을 나타낸다. 즉 很, 多는 "형용사 + 得 + 很", "형용사 + 得 + 多"의 구조를 이룬다.

这间屋子干净得很. (이 방은 매우 깨끗하다.)
Zhè jiān wūzi gānjìng de hěn.

我最近忙得很. (나는 요즘 매우 바쁘다.)
Wǒ zuìjìn máng de hěn.

这本书便宜得多. (이 책은 훨씬 싸다.)
Zhè běn shū piányi de duō.

这种自行车快得多. (이런 자전거가 훨씬 빠르다.)
Zhè zhǒng zìxíngchē kuài de duō.

9) 그러나 极了는 특수정도보어로 "형용사 + 极了"의 구조로 그 앞에 得을 동반하지 않는다.

商店里的人多极了. (상점 안의 사람이 매우 많다.)
Shāngdiànli de rén duō jí le.

这儿的风景好极了. (이 곳의 풍경은 매우 좋다.)
Zhèr de fēngjǐng hǎo jí le.

* 得很과 极了는 형용사나 심리활동, 감정을 나타내는 동사 뒤에서만 보어가 될 수 있다.

他怕得很. (그는 매우 두려워했다.)
Tā pà de hěn.

大家对李老师佩服极了. (모두가 이 선생님에게 매우 탄복했다.)
Dàjiā duì lǐ lǎoshī pèifú jí le.

10) 정도보어를 동반하는 문장에서 정도를 나타내는 부사 이외의 부사가 있으면, 일반적으로 동사 앞에 놓는다.

他们**一定**安排得很周到. (그들은 반드시 매우 주도면밀하게 안배한다.)
Tāmen yí dìng ānpái de hěn zhōudào.

他**常常**来得很早. (그는 항상 매우 일찍 온다.)
Tā chángcháng lái de hěn zǎo.

他的字**比我**写得好看. (그는 글자를 나보다 보기 좋게 쓴다.)
Tā de zì bǐ wǒ xiě de hǎokàn.

11) 그러나 목적어가 있으면 부사어는 중복된 동사 앞에 놓는다.

他说这个问题**已经**说得很清楚了.

(그는 이 문제를 이미 매우 분명하게 말했다.)

Tā shuō zhè ge wèntí yǐjīng shuō de hěn qīng chu le.

연습문제

* 다음 우리말을 중국어로 옮기시오.

1) 그는 매일 매우 일찍 자고 매우 일찍 일어납니다.

....

2) 그녀는 한자를 매우 가지런하게 씁니다.

....

3) 그는 매우 느리고, 매우 분명하게 말합니다.

....

4) 그녀는 매우 아름답게 생겼습니다.

....

5) 그는 이 질문에 어떻게 대답합니까?

....

6) 우리는 매우 즐겁게 춤을 춥니다.

....

7) 그녀는 울어서 눈이 다 빨개졌습니다.

....

8) 어린아이가 놀라서 울기 시작했다.

....

9) 선생님이 항상 일찍 오니, 학생들도 일찍 옵니다.

....

10) 당신은 무엇을 그렇게 흥미진진하게 듣습니까?

....

* 다음 단어를 어순에 알맞게 배열하세요.

1) 学　得　汉语　他　学　怎么样

…………………………………………………………………………

2) 消息　他　听　感动　了　得　眼泪　流下　了　那个

…………………………………………………………………………

3) 回答　我　问题　得　回答　太　好　不

…………………………………………………………………………

4) 我　篮球　不　得　打　好

…………………………………………………………………………

5) 我爸爸　很　得　最近　忙

…………………………………………………………………………

단어정리

汉字(Hànzì): 한자.
清楚(Qīng chu): 분명하다.
问题(Wèntí): 질문.
跳舞(Tiàowǔ): 춤추다.
眼睛(Yǎnjīng): 눈.
孩子(Háizi): 어린아이.
整齐(Zhěngqí): 가지런하다.
漂亮(Piàoliang): 아름답다.
回答(Huídá): 대답하다.
哭(Kū): 울다.
红(Hóng): 빨개지다.
吓(Xià): 놀라다.
津津有味(Jīnjīnyǒuwèi): 흥미진진하다.
消息(Xiāo xi): 소식.
眼泪(Yǎnlèi): 눈물.
篮球(Lánqiú): 농구.
感动(Gǎndòng): 감동하다.
流下(Liúxià): 흘리다.

제 26 과
결과보어

동사 뒤에 쓰여 동작의 결과를 보충 설명하는 성분을 결과보어라 한다.

1. 결과보어로 사용되는 주요동사

① 到

(a) 사람이나 사물이 동작을 통해 어떤 지점에 도달했음을 나타낸다.

晚上他回到了家. (저녁에 그는 집으로 돌아갔다.)
Wǎnshang tā huí dào le jiā.

她上个月去上海旅行了, 昨天回到了北京.
(그녀는 지난달 상해에 여행 갔다가, 어제 북경으로 돌아왔다.)
Tā shànggeyuè qù shànghǎi lǚxíng le, zuótiān huí dào le běijīng.

(b) 지속된 동작이 어떤 시점에 도달했음을 나타낸다.

我们学到第六课了. (우리는 제6과까지 배웠다.)
Wǒmen xué dào dì liù kè le.

他在北京一直住到第二年夏天.
(그는 북경에서 줄곧 그 다음해 여름까지 살았다.)
Tā zài běijīng yì zhí zhù dào dì èr nián xiàtiān.

(c) 어떤 동작이 목적에 도달했음을 나타낸다.

我买到那本词典了. (나는 그 사전을 샀다.)
Wǒ mǎi dào nà běn cídiǎn le.

我们没有找到他. (우리들은 그를 찾지 못했다.)
Wǒmen méiyǒu zhǎodào tā.

② 在: 사람이나 사물이 어떤 동작을 통해 어떤 장소에 있음을 나타낸다. 在 뒤에는 반드시 장소 목적어가 있어야 한다.

昨天看电影的时候, 你坐在哪儿?
(어제 영화 볼 때, 너는 어디에 앉았니?)
Zuótiān kàn diànyǐng de shíhòu, nǐ zuò zài nǎr?

那些书都放在桌子上. (그러한 책들은 모두 탁자 위에 있다.)
Nàxiē shū dōu fàng zài zhuōzishang.

汽车停在门口. (자동차가 문 앞에 멈춰 있다.)
Qìchē tíng zài ménkǒu.

我们都住在大田. (우리는 모두 대전에 살아요.)
Wǒmen dōu zhù zài dàtián.

他把那本汉韩词典放在桌子上了.
(그는 중한사전을 책상 위에 놓았다.)
Tā bǎ nà běn hànhán cídiǎn fàng zài zhuōzishang le.

③ 见: 주로 감각동사, 즉 听, 看 등의 뒤에 쓰여 동작의 결과를 나타낸다.

你看见了什么? (너 무엇을 봤니?)
Nǐ kànjiàn le shénme?

我看见了一辆汽车. (나 자동차 한 대를 봤어.)
Wǒ kànjiàn le yí liàng qìchē.

我听见了她的笑声. (나는 그녀의 웃음소리를 들었다.)
Wǒ tīngjiàn le tā de xiào shēng.

他没有注意听, 所以没有听见我刚才说的话.
(그는 주의해서 듣지 않았기 때문에 내가 방금 한 말을 듣지 못했다.)
Tā méiyǒu zhùyì tīng, suǒyǐ méiyǒu tīngjiàn wǒ gāngcái shuō de huà.

④ 着(zháo): 동작이나 행위가 예정된 목적이나 결과에 도달했음을 나타낸다.

那本书我借着了. (그 책을 나는 빌렸다.)
Nà běn shū wǒ jiè zháo le.

那些资料你找着了吗? (그 자료들을 당신은 찾았습니까?)
Nà xiē zīliào nǐ zhǎozháo le ma?

他们好不容易买着了今天的电影票.
(그들은 가까스로 오늘 영화표를 샀다.)
Tāmen hǎobùróngyì mǎizháo le jīntiān de diànyǐngpiào.

她已经睡着了. (그녀는 벌써 잠들었다.)
Tā yǐjīng shuìzháo le.

⑤ 住: 어떤 동작이나 행위를 통해 사람이나 사물이 어떤 장소에 머물러 있음을 나타낸다.

汽车在门口停住了. (자동차가 문 앞에 멈췄다.)
Qìchē zài ménkǒu tíngzhù le.

你好好记住, 别忘了. (너 잘 기억해, 잊지 말고.)
Nǐ hǎohāo jìzhù, bié wàng le.

这个地址我记住了. (이 주소를 나는 기억했다.)
Zhè ge dìzhǐ wǒ jìzhù le.

他在门口站住了. (그는 문 앞에 섰다.)
Tā zài ménkǒu zhànzhù le.

⑥ 给: 동작을 통해 사물을 어떤 사람 혹은 어떤 장소에 주거나 전달함을 나타낸다. 뒤에 이중목적어를 가질 수 있다.

那封信我交给她了. (그 편지를 나는 그녀에게 건내 주었다.)
Nà fēng xìn wǒ jiāo gěi tā le.

他送给我一件礼物. (그가 나에게 선물 하나를 보내준다.)
Tā sòng gěi wǒ yí jiàn lǐwù.

昨天的作业我交给老师了. (어제의 숙제를 나는 선생님에게 제출했다.)
Zuótiān de zuòyè wǒ jiāo gěi lǎoshī le.

爸爸从北京寄给我一封信了.
(아빠가 북경에서 나에게 편지 한 통을 보내셨다.)
Bàba cóng běijīng jì gěi wǒ yì fēng xīn le.

自行车借给我弟弟了. (자전거를 내 동생에게 빌려주었다.)
Zìxíngchē jiè gěi wǒ dì di le.

⑦ 懂: 동작이나 행위의 결과를 통해 어떤 사실을 알거나 이해하게 됨을 나타낸다.

我们都听懂了汉语老师的话.
(우리는 중국어 선생님의 말을 모두 알아들었다.)
Wǒmen dōu tīng dǒng le hànyǔ lǎoshī de huà.

昨天的电影我看懂了. (어제의 영화를 나는 보고 이해했다.)
Zuótiān de diànyǐng wǒ kàndǒng le.

我能看懂这本中文小说. (나는 이 중국 소설을 읽고 이해할 수 있다.)
Wǒ néng kàn dǒng zhè běn zhōngwén xiǎoshuō.

⑧ 会 : 어떤 동작을 배워서 터득하거나 할 수 있게 됨을 나타낸다.

我学会了太极拳. (나는 태극권을 배웠다.)
Wǒ xuéhuì le tàijíquán.

我妹妹学会骑自行车了. (내 여동생은 자전거를 배웠다.)
Wǒ mèimei xuéhuì qí zìxíngchē le.

⑨ 完 : 동작이나 행위가 끝나거나 완료됨을 나타낸다.

我看完那本小说了. (나는 그 소설을 다 봤다.)
Wǒ kàn wán nà běn xiǎoshuō le.

我写完了今天的日记. (나는 오늘의 일기를 다 썼다.)
Wǒ xiě wán le jīntiān de rìjì.

看完电视他就睡觉了. (TV를 다보고, 그는 바로 잠을 잔다.)
Kàn wán diànshì tā jiù shuìjiào le.

啤酒已经喝完了. (맥주를 이미 다 마셨다.)
Píjiǔ yǐjīng hē wán le.

⑩ 上

(a) 동작을 통해 일정한 목적에 도달했음을 나타낸다.

他们家的孩子考上了大学. (그들 집의 아이는 대학에 합격했다.)
Tāmen jiā de háizi kǎo shàng le dàxué.

我们走得很快, 最后赶上了他们.
(우리들은 매우 빨리 걸어서, 최후에 그들을 따라 잡았다.)
Wǒmen zǒu de hěn kuài, zuìhòu gǎn shàng le tāmen.

(b) 동작을 통해 어떤 사물이 어떤 장소에 존재하거나 부착되어 있음을 나타낸다.

外边冷, 再穿上件衣服吧. (밖이 추우니, 옷을 더 입으세요.)
Wàibian lěng, zài chuān shàng jiàn yīfu ba.

请写上您的名字吧. (당신의 이름을 써 넣으십시오.)
Qǐng xiě shàng nín de míngzì ba.

(c) 동작이 완결된 뒤 융합, 결합된 결과를 낳았음을 나타낸다.

屋子里有点儿冷, 请把窗户关上.
(방 안이 좀 추우니, 창문을 닫아 주세요.)
Wūzili yǒudiǎnr lěng, qǐng bǎ chuāng hù guānshàng.

他爱上了这个地方. (그는 이곳을 좋아했다.)
Tāài shàng le zhè ge dìfāng.

⑪ 下

(a) 결과가 고정불변임을 나타낸다.

请你留下电话号码. (당신은 전화번호를 남겨주세요.)
Qǐng nǐ liú xià diànhuàhàomǎ.

我急忙记下他的地址. (나는 급히 그의 주소를 기록했다.)
Wǒ jímáng jì xià tā de dìzhǐ.

(b) 일정한 수량을 수용함을 나타낸다.

这个屋子能坐下五十人. (이 방은 50명이 앉을 수 있다.)
Zhè ge wū zi néng zuò xià wǔ shí rén.

这个停车场能停下一百五十辆车.
(이 주차장은 150대의 차를 주차할 수 있다.)
Zhè ge tíngchēchǎng néng tíng xià yì bǎi wǔ shí liàng chē.

⑫ 开 : 사물이 동작을 통해 어떤 상태를 벗어남을 나타낸다.

他拿出钥匙, 打开了门. (그가 열쇠를 꺼내, 문을 열었다.)
Tā ná chū yàoshi, dǎkāi le mén.

请你拿开箱子. (당신 상자를 치우세요.)
Qǐng nǐ ná kāi xiāngzi.

开开窗户吧, 教室里太热了. (창문을 열어라, 교실 안이 너무 덥다.)
Kāi kāi chuānghù ba, jiàoshìli tài rè le.

请打开书, 翻到第十五页. (책을 펴서 15쪽을 보세요.)
Qǐng dǎkāi shū, fān dào dì sh íwǔ yè.

⑬ 成 : 동작이나 행위를 통해 다른 상황으로 변함을 나타낸다.

绿灯忽然变成了红灯. (파란불이 갑자기 빨간불로 바뀌었다.)
Lǜdēng hūrán biànchéng le hóngdēng.

请你把下面的文章翻译成中文.
(당신은 아래의 문장을 중국어로 번역하세요.)
Qǐng nǐ bǎ xiàmiàn de wénzhāng fānyì chéng zhōngwén.

2. 결과보어로 사용되는 주요 형용사

① 好 : 동작이 바람직한 상황에 도달했음을 나타내며, 동작의 완성을 표시하기도 한다.

我们已经准备好了. (우리는 이미 잘 준비했다.)
Wǒmen yǐjīng zhǔnbèi hǎo le.

请大家坐好, 现在开始上课.
(모두 다 앉으세요, 지금 수업을 시작합니다.)
Qǐng dàjiā zuò hǎo, xiànzài kāishǐ shàngkè.

那么多的书他都整理好了.
(그렇게 많은 책을 그는 모두 정리했다.)
Nàme duō de shū tā dōu zhěnglǐ hǎo le.

我已经修好了我弟弟的自行车.
(나는 이미 내 동생의 자전거를 다 수리했다.)
Wǒ yǐjīng xiūhǎo le wǒ dì di de zìxíngchē.

② 干净: 어떤 동작을 통해 깨끗한 결과에 도달함을 나타낸다.

屋子已经打扫干净了. (방은 벌써 깨끗하게 청소했다.)
Wūzi yǐjīng dǎsǎo gānjìng le.

妈妈洗干净了我的衣服. (엄마는 내 옷을 깨끗하게 빨았다.)
Mā ma xǐ gānjìngle wǒ de yīfu.

我擦干净了桌子. (나는 탁자를 깨끗이 닦았다.)
Wǒ cā gānjìng le zhuōzi.

③ 清楚: 어떤 동작이 분명함을 나타낸다.

这个问题我已经问清楚了. (이 문제를 나는 이미 분명하게 물었다.)
Zhè ge wèntí wǒ yǐjīng wèn qīng chu le.

地址他写清楚了. (주소를 그는 분명하게 썼다.)
Dìzhǐ tā xiě qīng chu le.

我没有听清楚张老师说的话.
(나는 장 선생님이 하는 말을 분명히 듣지 못했다.)
Wǒ méiyǒu tīng qīng chu zhāng lǎoshī shuō de huà.

我没听清楚, 请你再说一遍.
(나는 분명하게 듣지 못했으니, 다시 한 번 말씀해 주세요.)
Wǒ méi tīng qīng chu, qǐng nǐ zài shuō yí biàn.

④ 错(cuò): 어떤 동작의 결과가 틀림을 나타낸다.

这个練习我做错了. (이 연습문제를 나를 틀리게 했어요.)
Zhè ge liànxí wǒ zuòcuò le.

对不起, 你打错了. (미안합니다, 전화를 잘 못 걸었어요.)
Duìbùqǐ, nǐ dǎcuò le.

这个字你写错了. (이 글자를 너는 잘못 썼다.)
Zhè ge zì nǐ xiěcuò le.

⑤ 对 : 어떤 동작의 결과가 옳거나 정확함을 나타낸다.

这个问题我回答对了. (이 문제를 나는 정확하게 대답했다.)
Zhè ge wèntí wǒ huídá duì le.

这个汉字他写对了. (이 한자를 그는 정확하게 썼다.)
Zhè ge hànzì tā xiědui le.

3. 결과보어의 긍정문

我写完那篇文章了. (나는 그 문장을 다 썼다.)
Wǒ xiě wán nà piān wénzhāng le.

我听懂了老师说的话. (선생님이 하신 말씀을 나는 알아들었다.)
Wǒ tīng dǒng le lǎoshī shuō de huà.

我们一定要学好汉语. (우리는 반드시 중국어를 잘 배워야 한다.)
Wǒmen yí dìng yào xuéhǎo hànyǔ.

4. 결과보어 문장의 부정문

[没有 + 동사 + 결과보어]

我们还没有准备好. (우리는 아직 준비를 다하지 못했다.)
Wǒmen hái méiyǒu zhǔnbèi hǎo.

他的电话号码我没有听清楚.
(그의 전화번호를 나는 분명하게 듣지 못했다.)
Tā de diànhuàhàomǎ wǒ méiyǒu tīng qīng chu.

我没有找着那本书. (나는 그 책을 찾지 못했다.)
Wǒ méiyǒu zhǎozháo nà běn shū.

그러나 조건문에 부정부사 不을 사용하면 특정한 사실을 나타낸다.

你不看完这本小说就不出去玩儿.
(나는 이 소설을 다 읽지 않으면 나가 놀지 않겠다.)
Nǐ bú kàn wán zhè běn xiǎoshuō jiù bù chūqù wánr.

你不写清楚, 我们怎么看?
(당신이 분명하게 쓰지 않으면 우리가 어떻게 보겠어요?)
Nǐ bù xiě qīng chu, wǒmen zěnme kàn?

5. 결과보어 문장의 의문문

① 동사+결과보어(了)+吗?

② 동사+결과보어(了)+没有?

你作业做完了吗? (당신은 숙제를 다 했습니까?)
Nǐ zuòyè zuò wán le ma?

你作业做完了没有? (당신은 숙제를 다 했습니까?)
Nǐ zuòyè zuò wán le méiyǒu?

那本词典你找着了吗? (그 사전을 당신은 찾았습니까?)
Nà běn cídiǎn nǐ zhǎozháo le ma?

那本词典你找着了没有? (그 사전을 당신은 찾았습니까?)
Nà běn cídiǎn nǐ zhǎozháo le méiyǒu?

老师的话你听懂了吗? (선생님의 말을 너는 알아들었니?)
Lǎoshī de huà nǐ tīng dǒng le ma?

老师的话你听懂了没有? (선생님의 말을 너는 알아들었니?)
Lǎoshī de huà nǐ tīng dǒng le méiyǒu?

연습문제

* 다음 우리말을 중국어로 옮기시오.

1) 여러분은 15과를 다 배웠습니까?

....

2) 당신의 시계는 이미 다 수리됐습니다.

....

3) 나는 그 중국어 책을 빌렸다.

....

4) 내 여동생은 금년에 대학에 합격했다.

....

5) 나는 길에서 오랫동안 보지 못했던 친구를 만났다.

....

6) 우리는 10과까지 배웠다.

....

7) 나는 달러를 인민폐로 바꿨다.

....

8) 너의 이름을 나는 기억했다.

....

9) 그는 이 책을 책상 위에 두었다.

....

10) 당신은 이 중국소설을 알아 볼 수 있습니까?

....

* 다음 단어를 어순에 알맞게 배열하세요.

1) 把　关　窗户　请　上

....

2) 听　了　敲　我　见　门　声

....

3) 学习　每天　十点　我　到　晚上　钟

....

4) 你们　写　你们的名字　应该　清楚

....

5) 请　书　打开, 第三十页　翻到

....

단어정리

手表(Shǒubiǎo): 손목시계.
修理(Xiūlǐ): 수리하다.
考上(Kǎoshàng): 합격하다.
美金(Měijīn): 달러.
人民币(Rénmínbì): 인민폐.
窗户(Chuānghù): 창문.
敲门(Qiāomén): 문을 두드리다, 노크하다.
翻(Fān): 펼치다.

제 27 과
방향보어

동사 뒤에 위치하여 동작의 방향을 나타내는 보어를 방향보어라고 한다. 방향보어는 단순방향보어와 복합방향보어로 분류할 수 있다.

1. 단순방향보어

동사 "来"와 "去"는 다른 동사 뒤에 쓰여 동작이 행해지는 방향을 나타내는데, 이를 단순방향보어라고 한다.

이 때 동작이 말하는 사람 또는 서술하는 대상 쪽으로 올 때는 "来"를 쓰고, 동작이 상대방을 향해서 이루어지거나 말하는 사람으로부터 멀어져 갈 때는 "去"를 쓴다.

1) 단순방향보어의 구조: [동사 + 来 / 去]

上来: 올라오다　　上去: 올라가다

下来: 내려오다　　下去: 내려가다

出来: 나오다　　出去: 나가다

进来: 들어오다　　进去: 들어가다

回来: 돌아오다　　回去: 돌아가다

过来: 건너오다　　过去: 건너가다

* 起来: 일어나다

* 到 ~ 来(-로 오다) 到 ~ 去(~로 가다)

2) 단순방향보어 문장: [주어 + 동사 + 来 / 去(了)]

他下来了. (그는 내려왔다)
Tā xià lái le.

她进去了. (그녀는 들어갔다)
Tā jìn qù le.

他从中国回来了. (그는 중국에서 돌아왔다.)
Tā cóng zhōngguó huílái le.

屋里很暖和, 快进来吧. (방안이 매우 따듯하니, 빨리 들어와라.)
Wūli hěn nuǎnhuo, kuài jìnlái ba.

山上很好看, 你们上来吧.
(산 위가 매우 아름다우니, 너희들 올라와라.)
Shānshang hěn hǎokàn, nǐmen shànglái ba.

楼上有人, 我们上去看看.
(위층에 사람이 있으니, 우리 올라가서 좀 보자.)
Lóushàng yǒu rén, wǒmen shàngqù kàn kàn.

3) 단순방향보어와 목적어

① 목적어가 장소일 경우에는 반드시 목적어를 동사와 방향보어 사이에 둔다.

[동사 + 목적어(장소)(가지고 다닐 수 없는 것) + 방향보어]

老师进办公室去了. (선생님이 사무실로 들어가셨다.)
Lǎoshī jìn bàngōngshì qù le.

他回家来了. (그는 집으로 돌아왔다.)
Tā huí jiā lái le.

他们进屋子里去了. (그들은 방안으로 들어갔다.)
Tāmen jìn wūzili qù le.

我想到你家去. (나 너희 집에 가고 싶다.)
Wǒ xiǎng dào nǐ jiā qù.

* 下起雨来了. (비가 내렸다.)
Xià qǐ yǔ lái le.

* 说不出道理来. (도리를 말할 수 없다.)
Shuō bu chū dàolǐ lái.

* 想不起他的名字来. (그의 이름이 생각나지 않다.)
Xiǎng bù qǐ tā de míngzì lái.

② 장소 목적어를 제외한 일반목적어는 방향보어의 앞이나 뒤에 둘 수 있다. 이미 발생한 일인 경우에는 목적어가 방향보어 뒤에 위치하고, 아직 발생하지 않은 일인 경우에는 목적어가 동사와 방향보어 사이에 위치한다.

[주어+동사+来 / 去+목적어]: 이미 발생한 일

他带去一个照相机. (그는 카메라 한 대를 가져갔다.)
Tā dài qù yí ge zhàoxiàngjī.

妈妈寄来一封信. (엄마가 편지 한 통을 부쳤다.)
Māma jì lái yì fēng xìn.

妈妈带去一个孩子. (엄마는 어린애 한 명을 데리고 갔다.)
Mā ma dài qù yí ge háizi.

[주어+동사+목적어+来 / 去]: 아직 발생하지 않은 일

你带吃的东西去. (너 먹을 것 좀 가져가.)
Nǐ dài chī de dōng xi qù.

我买一些水果去. (나는 과일을 조금 사러 간다.)
Wǒ mǎi yì xiē shuǐguǒ qù.

③ 방향보어와 동태조사 了가 같이 쓰일 경우, 동태조사 了의 위치는 두 가지 이다.

[동사+来 / 去+了+목적어]

他带来了一些水果. (그는 과일을 조금 가지고 왔다.)
Tā dài lái le yì xiē shuǐguǒ.

妈妈寄来了一封信. (엄마는 편지 한 통을 부쳤다.)
Māma jì lái le yì fēng xīn.

[동사+了+목적어+来 / 去]
他买了一辆自行车来. (그는 자전거를 한 대 사왔다.)
Tā mǎi le yí liàng zìxíngchē lái.

我买了一些水果去. (나는 좀 사러 갔다.)
Wǒ mǎi le yì xiē shuǐguǒ qù.

2. 복합방향보어

동사"上, 下, 进, 出, 回, 过, 起" 등이 단순방향보어 "来, 去"와 결합된 후 다른 동사의 보어가 되는 것을 복합방향보어라 한다.

1) 복합방향보어의 구조

[동사+동사+来 / 去]

他拿下去了. (그가 가지고 내려갔다.)
Tā ná xiàqù le.

学生们都跑下去了. (학생들이 모두 달려 내려갔다.)
Xuéshēngmen dōu pǎo xià qù le.

老师从办公室里走出来了. (선생님이 사무실에서 걸어 나오셨다.)
Lǎoshī cóng bàngōngshìli zǒu chū lái le.

他从外边走进来了. (그가 밖에서 걸어 들어 왔다.)
Tā cóng wàibian zǒu jìn lái le.

2) 복합방향보어 뒤에 장소를 나타내는 목적어가 오면 반드시 "来 / 去" 앞에 두어야 한다.

我朋友走进**图书馆**来了. (내 친구가 도서관으로 걸어 들어 왔다.)
Wǒ péngyǒu zǒu jìn túshūguǎn lái le.

他们一起走进**教室里**去了. (그들은 함께 교실로 걸어 들어갔다.)
Tāmen yì qǐ zǒu jìn jiàoshìli qù le.

3) 술어동사에 사물을 나타내는 목적어가 오면 목적어는 来나 去 뒤에 올 수도 있고, 来나 去 앞에 올 수도 있다.

我放进去一块钱. (Wǒ fàng jìnqù yí kuài qián.)
(나는 1원을 넣어두었다.)
: 我放进一块钱去. (Wǒ fàng jìn yí kuài qián qù.)

姐姐寄回来很多照片. (Jiě jie jì huí lái hěnduō zhàopiàn.)
(누나는 매우 많은 사진을 부쳐왔다.)
: 姐姐寄回很多照片来. (Jiě jie jì huí hěnduō zhàopiàn lái.)

4) 복합방향보어와 了

① 복합방향보어가 있을 때, 만약 동사가 목적어를 갖지 않으면 了는 동사 뒤, 보어 앞에 올 수 있으며 복합방향보어 뒤에 올 수도 있다.

孩子们都跑了出去. (Háizimen dōu pǎo le chūqù.)
(아이들이 모두 뛰어 나갔다.)
: 孩子们都跑出去了. (Háizimen dōu pǎo chūqù le.)

汽车开了过来. (Qìchē kāi le guòlái.) (자동차가 떠나 왔다.)
: 汽车开过来了. (Qìchē kāi guòlái le.)

太阳昇了起来. (Tàiyáng shēng le qǐlái.) (태양이 떠올랐다.)
: 太阳昇起来了. (Tàiyáng shēng qǐlái le.)

② 만약 동사 뒤에 목적어가 있고 목적어가 장소를 나타내면 了는 일반적으로 문장 끝에 놓여 상황의 변화를 나타낸다.

汽车开到山上去了. (자동차가 산 위로 갔다.)
Qìchē kāi dào shān shang qù le.

小鸟飞到地上来了. (새가 땅 위로 날아왔다.)
Xiǎoniǎo fēi dào dìshàng lái le.

5) 방향보어의 부정

① 일반적으로 没有로 부정한다.

她没带水果来. (그녀는 과일을 가져오지 않았다.)
Tā méi dài shuǐguǒ lái.

他没回宿舍去. (그는 기숙사로 돌아가지 않았다.)
Tā méi huí sùshè qù.

汽车没开过那座桥来. (자동차가 그 다리를 건너지 않았다.)
Qìchē méi kāiguò nà zuò qiáo lái.

② 단 조건문에서는 不로 부정한다.

现在不回去就来不及了.
(지금 돌아가지 않으면 제시간에 댈 수 없다.)
Xiànzài bù huíqù jiù láibují le.

他们不爬上山就看不见那个湖.
(산에 올라가지 않으면 그 호수를 볼 수 없다.)
Tāmen bù pá shàngshān jiù kànbújiàn nà ge hú.

明天我不带孩子去. (내일 나는 아이를 데리고 가지 않을 거야.)
Míngtiān wǒ bú dài háizi qù.

3. 특수한 의미를 가지는 방향보어

몇 몇 복합방향보어는 사람이나 사물의 방향을 나타내는 것 이외에도 그 의미가 확대되어 사용된다.

1) 起来

① 분산된 상태에서 집중됨을 나타낸다.

要下雨了, 快把外边的粮食收起来吧.
(비가 오려고 하니, 빨리 밖의 곡식을 거둬들이세요.)
Yào xià yǔ le, kuài bǎ wàibian de liángshí shōu qǐ lái ba.

团结起来力量大. (단결하면 힘이 커진다.)
Tuánjié qǐlái lìliàng dà.

② 동작이나 상태가 시작되어 계속됨을 나타낸다.

天一亮, 市场上就热闹起来了.
(날이 밝자, 시장은 붐비기 시작했다.)
Tiān yí liàng, shìchǎngshang jiù rènào qǐlái le.

春天到了, 天气渐渐暖和起来了.
(봄이 되니, 날씨가 점점 따뜻해졌다.)
Chūntiān dào le, tiānqì jiànjiàn nuǎnhuo qǐlái le.

③ 동작의 완료를 나타낸다.

去年发生的那件事, 我想起来了.
(작년에 일어난 그 일이 생각났어요.)
Qùnián fāshēng de nà jiàn shì, wǒ xiǎng qǐ lái le.

警察把那个小偷抓了起来. (경찰이 그 도둑을 붙잡았다.)
Jǐngchá bǎ nà ge xiǎotōu zhuā le qǐ lái.

④ 동사와 함께 삽입어가 되어 예측, 추측, 평가 등의 의미를 지니며, "~해 보니", "~하니", "~해 보면" 등 일종의 가설의 상황을 나타낸다. 이에 자주 사용되는 동사로 "看, 说, 想, 听, 算" 등이 있다.

看起来他们俩不是一般的关系.
(보아하니 그들 둘은 보통사이가 아닌 것 같아요.)
Kàn qǐ lái tāmen liǎ bú shì yì bān de guān xi.

看起来, 跟新的一样. (보기에 새 것 같아요.)
Kàn qǐ lái, gēn xīn de yí yàng.

算起来, 我们结婚十年了.
(계산해보면, 우리가 결혼한 지 10년이 되었다.)
Suàn qǐ lái, wǒmen jiéhūn shí nián le.

这件事说起来容易, 做起来难.
(이 일은 말하기는 쉬워도, 실천하기는 어렵다.)
Zhè jiàn shì shuō qǐ lái róngyì, zuò qǐ lái nán.

他唱起歌来, 没完没了.
(그가 노래를 부르기 시작하면, 한도 끝도 없다.)
Tā chàng qǐ gē lái, méiwán méiliǎo.

2) 下来

① 동작을 통해 사물이 분리되어 이탈하는 것을 나타낸다. 이 때 동사는 주로 "脱(벗다), 摘(따다, 벗다), 打(떼다), 切(자르다), 砍(베다), 撕(찢다), 拔(뽑다), 卸(해체하다), 割(자르다), 余(남기다)" 등의 뒤에 쓰인다.

请把大衣脱下来, 挂在衣架上. (외투를 벗어서 옷걸이에 거세요.)
Qǐng bǎ dàyī tuō xià lái, guà zài yījià shang.

屋里热, 你把帽子摘下来吧. (방이 더우니, 모자를 벗으세요.)
Wūli rè, nǐ bǎ màozi zhāi xià lái ba.

他在山上把树砍下来. (그는 산에서 나무를 베었다.)
Tā zài shān shang bǎ shù kǎn xià lái.

② 동작을 통해 사물을 어떤 장소에 고정시키거나 사람을 어느 장소에 머무르게 하는 것을 나타낸다. 이 때 주로 동사 "停, 留, 记, 写, 画, 抄, 描" 등의 뒤에 쓰인다.

雨停下来了. (비가 멈추었다.)
Yǔ tíng xià lái le.

请把你的地址写下来. (당신의 주소를 쓰세요.)
Qǐng bǎ nǐ de dìzhǐ xiě xià lái.

面试时间已经定下来了. (면접시간이 이미 정해졌다.)
Miànshì shíjiān yǐjīng dìng xià lái le.

③ 어떤 동작이나 상태가 과거로부터 현재까지 계속 이어지는 것을 나타낸다.

这是从古代传下来的传说. (이는 고대부터 전해오는 전통이다.)
Zhè shì cóng gǔdài chuán xià lái de chuánshuō.

学汉语的学生都坚持下来了.
(중국어를 배우는 학생들은 모두 열심히 공부해오고 있다.)
Xué hànyǔ de xuéshēng dōu jiānchí xià lái le.

④ 동사 批와 함께 쓰여 “허가, 결재, 발급받다” 등의 의미로도 사용된다.

他的申请批下来了. (그의 신청은 허가가 났다.)
Tā de shēnqǐng pī xià lái le.

外交护照批下来了. (외교관 여권을 발급받았다.)
Wàijiāo hùzhào pī xià lái le.

3) 下去

어떤 동작이나 상태가 계속됨을 나타낸다.
已经开始了, 就干下去吧. (이미 시작했으니, 계속 해 갑시다.)
Yǐjīng kāishǐ le, jiù gàn xià qù ba.

故事一代代地传下去了. (이야기가 한 세대 씩 전해져 갔다.)
Gùshì yí dài dài de chuán xià qù le.

我们这样做下去, 很快就能干完了.
(우리가 이렇게 해 나간다면, 금방 다 할 수 있을 거예요.)
Wǒmen zhèyàng zuò xià qù, hěn kuài jiù nénggàn wán le.

那件事他们决定做下去. (그 일은 그들이 해 가기로 결정했다.)
Nà jiàn shì tāmen juédìng zuò xià qù.

4) 出来

① 어떤 동작을 통해 결과가 나타남을 표현한다.

这幅画, 他想了一个多月才画出来.
(이 그림은 그가 한 달여 동안 생각해서야 비로소 그렸다.)
Zhè fú huà, tā xiǎng le yí ge duō yuè cái huà chū lái.

有问题就说出来. (문제가 있으면 말하세요.)
Yǒu wèntí jiù shuō chū lái.

我们已经把这篇文章翻译出来了.
(우리는 이미 이 문장을 번역해냈다.)
Wǒmen yǐjīng bǎ zhè piān wénzhāng fānyì chū lái le.

② 동작을 통해 사람이나 사물을 식별하거나 분별함을 나타낸다.

从电话里听不出你的声音来.
(전화상으로 당신 목소리를 구분할 수 없어요.)
Cóng diànhuàli tīng bù chū nǐ de shēngyīn lái.

他汉语说得很好, 我没有听出来他是个外国人.
(그는 중국어를 아주 잘해서 난 그가 외국인이라는 걸 알지 못했다.)
Tā hànyǔ shuō de hěn hǎo, wǒ méiyǒu tīng chū lái tā shì ge wàiguórén.

这儿有一个错字, 你们看出来了吗?
(여기에 틀린 글자가 하나 있는데, 너희들 알아봤니?)
Zhèr yǒu yí ge cuòzì, nǐmen kàn chū lái le ma?

5) 过去

원래의 상태나 정상적인 상태를 잃는 것을 나타낸다.

她一听到她丈夫出事的消息, 就昏过去了.
(그녀는 남편에게 사고가 났다는 소식을 듣자마자 의식을 잃었다.)
Tā yí tīngdào tā zhàngfū chūshì de xiāo xi, jiù hūn guòqù le.

病人晕过去了几次. (환자는 몇 번이나 정신을 잃었다.)
Bìngrén yūn guòqù le jǐ cì.

6) 过来

정상적인 상태로 회복됨을 나타낸다.
他把坏习惯都改过来了. (그는 나쁜 습관을 다 고쳤다.)
Tā bǎ huài xíguàn dōu gǎi guòlái le.

请大家把本子上的错字改过来.
(여러분 공책 속의 틀린 글자를 고치세요.)
Qǐng dàjiā bǎ běnzishang de cuòzì gǎi guò lái.

病人在床上躺了二十小时才醒过来了.
(환자는 스무 시간이 지나서야 비로소 의식을 회복했다.)
Bìngrén zài chuángshang tǎng le èr shí xiǎoshí cái xǐng guò lái le.

他从昏迷中醒过来了. (그는 혼미한 상태에서 깨어났다.)
Tā cóng hūnmízhōng xǐng guò lái le.

연습문제

* 다음 우리말을 중국어로 옮기시오.

1) 선생님께서는 집안으로 걸어 들어가셨다.

……………………………………………………………………

2) 나는 도서관에서 이 소설을 빌려 왔다.

……………………………………………………………………

3) 그들은 그 다리를 걸어서 건너가려고 한다.

……………………………………………………………………

4) 일기예보에서 오늘 오후에 비가 올 것이라고 했는데, 과연 비가 내리기 시작했다.

……………………………………………………………………

5) 그 환자는 또 기절했다.

……………………………………………………………………

6) 불교는 인도에서 전해져 온 것이다.

……………………………………………………………………

7) 나는 열쇠가 하나 더 있으니까, 이것은 당신이 가져가세요.

……………………………………………………………………

8) 그녀의 이름과 전화번호가 나는 생각났어요.

……………………………………………………………………

9) 요즘 날씨가 점점 추워지기 시작했습니다.

……………………………………………………………………

10) 보아하니 그녀는 매우 엄마를 닮은 것 같아요.

……………………………………………………………………

* 다음 단어를 어순에 알맞게 배열하세요.

1) 妇女　办公室　进　了　来　一位　走

……………………………………………………………………

2) 我们　以后　宿舍　回　都　了　去　上课

……………………………………………………………………

3) 她　了　楼上　下来　从　跑

……………………………………………………………………

4) 请　西服　把　脱　下来, 挂　衣架上　在

……………………………………………………………………

5) 从　妈妈　走　外边　进来了

……………………………………………………………………

단어정리

桥(Qiáo): 다리.
这座桥(Zhèzuòqiáo): 이 다리.
天气豫报(Tiānqìyùbào): 일계예보.
果然(Guǒran): 과연.
病人(Bìngrén): 환자.
晕: (Yūn): 어지럽다, 기절하다.
佛教(Fójiào): 불교.
印度(Yìndù): 인도.
传(Chuán): 전하다.
钥匙(Yàoshi): 열쇠.
电话号码(Diànhuàhàomǎ): 전화번호.
渐渐(Jiànjiàn): 점점.
看起来(Kànqǐlái): 보아하니.
妇女(Fùnǔ): 부녀.
办公室(Bàngōngshì): 사무실.
楼上(Lóushàng): 위층.
西服(Xīfú): 양복.
衣架(Yījià): 옷거리.

제 28 과
가능보어

동작을 통한 결과의 실현 가능성 여부를 표현하는 보어를 가능보어라고 한다. 가능보어는 把字文과 被字文에서는 사용할 수 없다.

1. 가능보어 문장의 긍정문

[동사 + 得 + 결과보어 / 방향보어](~할 수 있다)

他说得很慢, 我们听得懂. (그가 매우 느리게 말을 해서, 우리는 알아들을 수 있다.) * (동사+得+결과보어)
Tā shuō de hěn màn, wǒmen tīng de dǒng.

明天我们回得来.
(내일 우리는 돌아올 수 있다.) * (동사+得+방향보어)
Míngtiān wǒmen huí de lái.

这篇文章不太难, 我们看得懂. (이 문장은 그리 어렵지 않아서 우리는 알아볼 수 있다.) * (동사+得+결과보어)
Zhè piān wénzhāng bú tài nán, wǒmen kàn de dǒng.

那座山不高, 我们爬得上去. (저 산은 높지 않아서 우리는 올라갈 수 있다.) * (동사+得+방향보어)
Nà zuò shān bù gāo, wǒmen pá de shàngqù.

2. 가능보어 문장의 부정문

[동사 + 不 + 결과보어 / 방향보어](~할 수 없다)

他说得很快, 我们听不懂.
(그는 매우 빨리 말을 해서 우리는 알아들을 수 없다.)
Tā shuō de hěn kuài, wǒmen tīng bù dǒng.

明天我们回不来. (내일 우리는 돌아올 수 없다.)
Míngtiān wǒmen huí bù lái.

现在我们还看不懂中文小说.
(지금 우리는 아직 중문소설을 알아볼 수 없다.)
Xiànzài wǒmen hái kàn bù dǒng zhōngwén xiǎoshuō.

门锁着, 小偷进不去. (문이 잠겨 있어서, 도둑이 들어갈 수 없다.)
Mén suǒzhe, xiǎotōu jìn bú qù.

3. 가능보어 문장의 의문문

① 의문조사 吗를 사용한다.

② 긍정과 부정을 병렬한다.

你今年考得上大学吗? (당신은 금년에 대학에 합격할 수 있습니까?)
Nǐ jīnnián kǎo de shàng dàxué ma?

五点以前你回得来回不来?
(5시 이전에 당신은 돌아올 수 있습니까?)
Wǔ diǎn yǐqián nǐ huí de lá ihuí bù lái?

我说的话你们听得懂吗?
(내가 한 말을 여러분은 알아들을 수 있습니까?)
Wǒ shuō de huà nǐmen tīng de dǒng ma?

这些东西你拿得动拿不动? (이러한 물건들을 너는 들 수 있니?)
Zhè xiē dōng xi nǐ ná de dòng ná bu dòng?

4. 가능보어와 목적어

① 일반적으로 가능보어 다음에 목적어가 올 수 있고, 또 주어 앞이나 문장 앞에 목적어가 올 수 있다. 가능보어는 把字文이나 被字文에서 사용할 수 없기 때문에 목적어를 문장 앞이나 주어 앞에 놓을 때는 이들 문장을 사용하지 않고, 목적어만 도취시킨다.

我听不懂老师说的话. (나는 선생님이 말한 말을 알아들을 수 없다.)
Wǒ tīng bù dǒng lǎoshī shuō de huà.

老师说的话我听不懂. (나는 선생님이 말한 말을 알아들을 수 없다.)
Lǎoshī shuō de huà wǒ tīng bù dǒng.

这么多菜你吃得完吗?
(이렇게 많은 음식을 당신은 다 먹을 수 있습니까?)
Zhème duō cài nǐ chī de wán ma?

人太多, 买不到票了. (사람이 너무 많아서 표를 살 수가 없다.)
Rén tài duō, mǎi bú dào piào le.

② 동사 뒤의 방향보어가 복합방향보어일 경우 목적어는 来, 去 앞에 놓인다.

我想不起他的名字来. (나는 그의 이름이 생각나지 않는다.)
Wǒ xiǎng bù qǐ tā de míngzì lái.

我说不出这种话来. (나는 이런 말을 할 수 없다.)
Wǒ shuō bu chū zhè zhǒng huà lái.

我们想不出办法来. (우리들은 방법을 생각해낼 수 없다.)
Wǒmen xiǎng bu chū bànfǎ lái.

5. 가능보어와 조동사

가능보어는 어떤 동작을 실현할 수 있는지에 대한 가능성만을 표현하기 때문에 실제로 어떤 동작을 실현할 수 있는 능력이 있다는 것을 나타낼 때는 조동사 能과 可以, 肯定 등을 써서 표현한다. 단 조동사는 가능보어의 부정형에는 쓸 수 없다.

早上六点他能起得来. (아침 6시에 그는 일어날 수 있다.)
Zǎoshang liù diǎn tā néng qǐ de lái.

山不高, 我可以爬得上去.
(산이 높지 않으니, 나는 올라 갈 수 있다.)
Shān bù gāo, wǒ kěyǐ pá de shàng qù.

电梯太小, 肯定坐不下十个人.
(Diàntī tài xiǎo, kěndìng zuòbúxià shí ge rén.)(×)
→电梯太小, 坐不下十个人.
(Diàntī tài xiǎo, kěndìng zuòbúxià shí ge rén.)
(엘리베이터가 너무 작아서 열 명이 탈 수 없다) * 조동사는 부정문에 쓸 수 없다.

6. 결과보어나 방향보어에서 비롯된 것이 아니라 오로지 가능보어로서만 사용되는 특수한 보어로 "了, 动, 下, 起, 得" 등이 있다.

1) 了 : 어떤 동작이 진행될 수 있음을 나타내며, 때로는 完의 의미로도 쓰인다.

今天晚上的电影, 你看得了吗?
(오늘 저녁의 영화를 당신은 볼 수 있습니까?)
Jīntiān wǎnshang de diànyǐng, nǐ kàndeliǎo ma?

我吃不了这么多包子. (나는 이렇게 많은 만두를 다 먹을 수 없어요.)
Wǒ chībùliǎo zhème duō bāozi.

这个问题我们解决不了. (이 문제를 우리는 해결할 수 없다.)
Zhè ge wèntí wǒmen jiějuébùliǎo.

2) 动 : 동작을 통해서 사람이나 사물의 위치를 바꿀 힘이 있음을 나타낸다.

你一个人搬得动这张桌子吗?
(당신 혼자 이 탁자를 옮길 수 있습니까?)
Nǐ yí ge rén bāndedòng zhè zhāng zhuōzi ma?

我累得很, 跑不动了. (나는 너무 피곤해서 달릴 수 없었요.)
Wǒ lèi de hěn, pǎobúdòng le.

3) 下 : 충분한 공간이 있어 수용할 수 있음을 나타낸다.

这个房间坐得下四个人. (이 방에는 네 명이 앉을 수 있다.)
Zhè ge fángjiān zuò de xià sì ge rén.

这里放不下这么多东西.
(여기에는 이렇게 많은 물건을 놓을 수 없어요.)
Zhèli fàngbúxià zhème duō dōng xi.

4) 起: 경제적 여건이나 자격 등이 있는지의 여부를 나타낸다.

那么贵的东西, 你买得起吗? (그렇게 비싼 물건을 너 살 수 있니?)
Nàme guì de dōng xi, nǐ mǎideqǐ ma?

我们吃不起这种菜. (우리는 이런 음식을 "비싸서" 먹을 수 없어요.)
Wǒmen chībùqǐ zhè zhǒng cài.

5) 得: 동사 뒤에 쓰여 동작의 가능 여부를 나타낸다.

这种菜酸得吃不得. (이런 음식은 시어서 먹을 수 없어요.)
Zhè zhǒng cài suān de chībùdé.

我舍不得离开老师和同学们.
(나는 선생님과 학우들을 떠나기가 아쉬워요.)
Wǒ shěbudé líkāi lǎoshī hé tóngxuémen.

他去得, 我为什么去不得?
(그가 갈 수 있다면, 내가 왜 갈 수 없는가?)
Tā qù dé, wǒ wèishénme qùbùdé?

7. 자주 쓰이는 가능보어의 표현

① 买不到(Mǎi bú dào) (물건이 없어서 못 사다)

那个手提包已经卖光了, 现在买不到.
(그 핸드백은 이미 다 팔아버려서, 지금은 살수 없다.)
Nà ge shǒutíbāo yǐjīng mài guāng le, xiànzài mǎi bú dào.

② 走不动(Zǒu bú dòng)(걸을 수 없다)

我累了, 走不动了. (나는 피곤해서 걸을 수 없다.)
Wǒ lèi le, zǒu bú dòng le.

③ 来不及(Láibují) (미치지 못하다, ~하기에 늦다, 시간에 댈 수 없다)

火车恐怕来不及了吧. (기차를 타기에는 아마도 늦을 것 같다.)
Huǒchē kǒngpà lái bù jí le ba.

④ 来得及(Láidéjí) (시간에 늦지 않다. 시간에 대다, ~하기에 충분하다)

现在就去, 也许还来得及.
(지금 곧 가면 아마 아직 늦지 않을 것이다.)
Xiànzài jiù qù, yěxǔ hái lái de jí.

⑤ 受不了(Shòu bù liǎo) (참을 수 없다, 견딜 수 없다)

他一点儿苦也受不了. (그는 조금의 고통도 참을 수 없다.)
Tā yì diǎnr kǔ yě shòu bù liǎo.

⑥ 免不了(Miǎn bù liǎo) (피할 수 없다, 면하기 어렵다, ~하지 않을 수 없다)

刚开始的时候, 免不了有种种不方便的地方.
(막 시작했을 때는 여러 가지 불편한 점이 있게 마련이다.)
Gāng kāishǐ de shíhòu, miǎn bù liǎo yǒu zhǒngzhǒng bù fāngbiàn de dìfāng.

⑦ 少不了(Shǎo bù liǎo) (없어서는 안 된다, 빼놓을 수 없다)

办这件事, 一定少不了你.
(이 일을 하는 데는 반드시 네가 있어야 한다.)
Bàn zhè jiàn shì, yí dìng Shǎo bù liǎo nǐ.

我们班就少不了你. (우리 반에는 네가 없으면 안 된다.)
Wǒmen bān jiù Shǎo bù liǎo nǐ.

⑧ 看不起(Kànbùqǐ) (무시하다, 깔보다, 경멸하다, 업신여기다)

你不要看不起别人. (너는 남을 깔보지 마라.)
Nǐ bú yào kàn bù qǐ biérén.

⑨ 买不起(Mǎi bù qǐ) (돈이 없어서 못 사다)

我还买不起房子和汽车. (나는 아직 집과 자동차를 살 여력이 없다.)
Wǒ hái mǎi bù qǐ fángzi hé qìchē.

⑩ 比不上(Bǐ bú shàng) (비교할 수 없다, 비교가 안 된다, ~보다 못하다)

他的演技真比不上成龙. (그의 연기는 정말로 성룡과 비교가 안 된다.)
Tā de yǎnjì zhēn Bǐ bú shàng chénglóng.

⑪ 跟不上(Gēn bù shàng) (따라갈 수 없다, 미치지 못하다, 비교할 수 없다)

我还跟不上他. (나는 아직 그에게 미치지 못한다.)
Wǒ hái gēn bú shàng tā.

他走得很快, 我跟不上. (그는 매우 빨리 걸어서, 나는 따라갈 수 없다.)
Tā zǒu de hěn kuài, wǒ gēn bú shàng.

⑫ 说不上(**Shuō bú shàng**) (~라고 할 정도는 아니다)

他们俩说不上是什么好朋友.
(그들 둘은 다정한 벗이라고 할 정도는 아니다.)
Tāmen liǎ shuō bú shàng shì shénme hǎo péngyǒu.

⑬ 坐不下(**Zuò bú xià**) (수용할 수 없다)

这个教室里坐不下一百个人.
(이 교실에는 백 명이 들어갈 수 없다.)
Zhè ge jiàoshìli zuò bú xià yì bǎi ge rén.

⑭ 用不着(**Yòngbùzháo**) (필요치 않다, 소용되지 않다)

用不着现在就去. (지금 바로 갈 필요 없다.)
Yòng bù zháo xiànzài jiù qù.

这是我们俩的事, 用不着你操心.
(이건 우리 둘의 일이니, 네가 신경 쓸 거 없어.)
Zhè shì wǒmen liǎ de shì, yòng bù zháo nǐ cāoxīn.

⑮ 恨不得(**Hèn bu dé**) (갈망하다, 간절히 바라다)

今天上课迟到了, 我恨不得一步迈入课堂.
(오늘 수업에 지각해서, 나는 빨리 교실로 들어가길 간절히 바랐다.)
Jīntiān shàngkè chídào le, wǒ hèn bu dé yí bù mài rù kètáng.

几年没有见面了, 我恨不得马上见到他.
(몇 년간 만나지 못해서, 나는 간절히 그를 빨리 만나고 싶었다.)
Jǐ nián méiyǒu jiànmiàn le, wǒ hènbudé mǎ shang jiàn dào tā.

⑯ 舍不得(Shěbudé) (~하기 아쉽다, 섭섭하다, 미련이 남다)

头一次出远门, 真是舍不得离开妈妈.
(처음으로 멀리 가는데, 정말 엄마를 떠나기가 아쉽다.)
Tóu yí cì chū yuǎnmén, zhēn shì shěbudé líkāi mā ma.

⑰ 合得来(Hédélái) (마음이 맞다, 의기투합하다, 손발이 맞다)

他们俩倒合得来. (그들 둘은 오히려 마음이 맞다.)
Tāmen liǎ dào hédélái.

他俩经过多次交谈很合得来.
(그 둘은 여러 번 이야기를 나눈 후 매우 마음이 맞는다.)
Tā liǎ jīngguò duō cì jiāotán hěn hédélái.

⑱ 合不来(Hébulái) (마음이 맞지 않다, 손발이 맞지 않다)

他和我老合不来. (그와 나는 늘 마음이 맞지 않는다.)
Tā hé wǒ lǎo hébulái.

我和他合不来, 他也不是不知道.
(나와 그가 잘 맞지 않는데, 그도 모르는 건 아니다.)
Wǒ hé tā hébulái, tā yě bú shì bù zhīdào.

⑲ 说得来(Shuōdelái) (말이 통하다, 사이가 좋다)

我们俩性格差不多, 说得来.
(우리 둘은 성격이 비슷해서, 말이 통한다.)
Wǒmen liǎ xìnggé chā bù duō, shuōdelái.

⑳ 说不来(Shuōbulái) (말이 통하지 않다, 마음이 맞지 않다)

我和妈妈总是说不来. (나와 엄마는 언제나 마음이 맞지 않다.)
Wǒ hé māma zǒng shì shuōbulái.

연습문제

* 다음 우리말을 중국어로 옮기시오.

1) 이렇게 많은 숙제를 당신은 다 할 수 있습니까?

……………………………………………………………………………

2) 당신은 내일 10시 이전에 돌아올 수 있습니까?

……………………………………………………………………………

3) 진짜인지 가짜인지 식별해낼 수 있습니까?

……………………………………………………………………………

4) 칠판위의 글자가 매우 작아서, 나는 분명하게 볼 수 없다.

……………………………………………………………………………

5) 그녀는 이렇게 무거운 짐을 들 수 없습니다.

……………………………………………………………………………

6) 이 방 에는 침대 두 개를 놓을 수 있습니까?

……………………………………………………………………………

7) 그가 언제 왔는지 나는 기억할 수 없다.

……………………………………………………………………………

8) 우리들은 좋은 방법을 생각해 낼 수 없다.

……………………………………………………………………………

9) 당신은 맥주 한 병을 다 마실 수 있습니까?

……………………………………………………………………………

10) 이 수수께끼를 당신은 알아 맞출 수 있습니까?

……………………………………………………………………………

* 다음 단어를 어순에 알맞게 배열하세요.

1) 座　高　太　我们　不　爬　那　山　上去

……………………………………………………………………

2) 贵　东西　你　那么　的　吗　买得起

……………………………………………………………………

3) 你　这　吗　作业　做得完　些　一天

……………………………………………………………………

4) 放心　你　好　了, 那么　用不着　担心

……………………………………………………………………

5) 舍不得　她　男朋友　离开

……………………………………………………………………

단어정리

黑板(Hēibǎn): 칠판.
房间(Fángjiān): 방.
办法(Bànfǎ): 방법.
谜语(Míyǔ): 수수께기.
舍不得(Shěbudé): 아쉬워하다.
担心(Dānxīn): 걱정하다.
行李(Xíng li): 짐.
床(Chuáng): 침대.
啤酒(Píjiǔ): 맥주.
猜(Cāi): 알아 맞추다.
放心: (Fàngxīn): 안심하다.
用不着(Yòngbùzháo): -할 필요없다.

제 29 과
동량보어

동작이나 행위의 횟수를 나타내는 보어를 동량보어라 한다. 동량사가 보어가 되어 동작의 횟수를 나나낸다.

1. 동량보어의 구조

[수사 + 동량사](一次, 一回, 一遍)

2. 동량사의 종류

동작이나 변화의 횟수를 나타내는 단위를 동량사라고 한다. 동량사의 종류에는 다음과 같은 것 들이 있다.

1) 전용동량사 : 동사에 전용으로 쓰이는 동량사.

① 次(cì): 반복적인 동작의 횟수.

看过两次. (kànguò liǎngcì.) (두 번 본적이 있다.)
来过好几次. (láiguò hǎojǐcì.) (여러 번 온 적이 있다.)

② 回(huí) : 반복적인 동작의 횟수.

去过一回. (qùguò yì huí.) (한 번 간적이 있다.)

③ 遍(biàn) : 처음부터 끝까지 전 과정 강조.

念了两遍. (niànle liǎngbiàn.) (두 번 읽었다.)
看过三遍. (kànguò sānbiàn.) (세 번 본적이 있다.)

④ 趟(tàng) : 사람이나 차의 왕래 횟수.

到中国去了一趟. (dào zhōngguó qù le yí tàng.) (중국에 한 번 갔다.)

⑤ 下(xià) : 순식간의 동작 표시.

"동사+一下"의 형태로 "좀 ~해보다"의 의미를 나타냄.

踢了一下. (tīle yí xià.) (한 번 찼다.)
推了一下. (tuīle yí xià.) (한 번 밀었다.)
等一下. (děng yí xià.) (좀 기다리다.)

⑥ 顿(dùn) : 식사, 질책, 권고, 야단, 욕설의 횟수.

吃三顿饭. (chī sān dùn fàn.) (세끼 밥을 먹다.)
打了一顿. (dǎle yí dùn.) (한 바탕 때렸다.)
批评了一顿. (pīpíngle yí dùn.) (한 바탕 나무랐다.)
骂了一顿. (màle yí dùn.) (한 차례 욕을 했다.)

⑦ 番(fān) : 시간과 노력을 하여 힘들게 한 행위.

调查了一番. (diàochále yì fān.) (한 차례 조사했다.)
思考一番. (sīkǎo yì fān.) (한 번 생각하다.)

⑧ 阵(zhèn) : 갑자기 발생하되 짧은 시간 안에 끝나는 행위나 현상.

下了一阵雨. (xiàle yí zhènyǔ.) (한 차례 비가 내렸다.)
刮了一阵风. (guāle yí zhènfēng.) (한 차례 바람이 불어다.)
吵了一阵. (chǎole yí zhèn.) (한 바탕 소란을 피웠다.)

⑨ 场(chǎng) : 하나의 동작이 끝났음을 나타냄. 주로 운동경기, 영화, 연극 등의 횟수를 나타냄.

看了一场. (kànle yì chǎng.) (한 경기를 봤다.)

또는 阵(zhèn)과 같은 의미로 사용됨.

下了一场大雨. (xiàle yì chǎng dàyǔ.) (한 바탕 큰 비가 내렸다.)
哭了一场. (kūle yì chǎng.) (한 바탕 울었다.)
打了一场球. (dǎle yì chǎng qiú.) (한 차례 구기경기를 했다.)

2) 차용동량사 : 그 동작 행위를 하기 위한 도구나 몸의 일부를 빌려서 동량사로 사용.

① 眼(yǎn) : 看一眼. (kàn yì yǎn.) (힐끗 보다.)
② 口(kǒu): 抽一口. (chōu yì kǒu.) (한 모금 피우다.)
咬了一口. (yǎole yì kǒu.) (한 입 깨물었다.)
③ 拳(quán) : 打一拳. (dǎ yì quán.) (주먹으로 한 대 치다.)
④ 脚(jiǎo): 踢了一脚. (tīle yì jiǎo.) (발로 한 번 찼다.)
⑤ 刀(dāo) : 切了一刀. (qièle yì dāo.) (한 칼에 베었다.)
⑥ 枪(qiāng) : 放两枪. (fàng liǎng qiāng.) (총을 두 방 쏘다.)

3. 주요예문

我去过中国三次. (나는 중국에 세 번 간 적이 있다.)
Wǒ qùguò zhōngguó sāncì.

这本小说我已经看了两遍. (이 소설을 나는 이미 두 번 읽었다.)
Zhè běn xiǎoshuō wǒ yǐjīng kàn le liǎng biàn.

我昨天到首尔去了一趟. (나는 어제 서울에 한 번 갔다 왔다.)
Wǒ zuótiān dào shǒuěr qù le yí tàng.

你等一下, 我马上就回来. (너 잠깐 기다려, 내가 금방 돌아올게.)
Nǐ děng yí xià, wǒ mǎ shang jiù huílái.

他批评了我一顿. (그가 나를 한 차례 꾸짖었다.)
Tā pīpíng le wǒ yí dùn.

今天下午下了一阵雨. (오늘 오후에 비가 한 바탕 내렸다.)
Jīntiān xiàwǔ xià le yí zhèn yǔ.

我打了他一拳. (나는 그를 주먹으로 한 방 갈겼다.)
Wǒ dǎ le tā yì quán.

上课的时候, 他偷偷看了我一眼.
(수업할 때, 그녀는 나를 슬쩍 한 번 쳐다봤다.)
Shàngkè de shíhòu, tā tōu tōu kàn le wǒ yì yǎn.

4. 목적어의 위치

1) 목적어가 일반명사일 때

[동사 + 동량사 + 목적어(일반명사)]

今天我看过两遍这本小说.
(오늘 나는 이 소설을 두 번 읽은 적이 있다.)
Jīntiān wǒ kànguò liǎng biàn zhè běn xiǎoshuō.

我吃过一次这个菜. (나는 이 요리를 한 번 먹어 본 적이 있다.)
Wǒ chīguò yí cì zhè ge cài.

昨天也下了两场雨. (어제도 비가 두 차례나 내렸다.)
Zuótiān yě xià le liǎng chǎng yǔ.

2) 목적어가 대명사일 때

[동사 + 목적어(대명사) + 동량사]

他曾经爱过我一次. (그가 일직이 나를 한 번 사랑한 적이 있다.)
Tā céngjīng àiguò wǒ yí cì.

我看了他三次. (나는 그를 세 번 봤다.)
Wǒ kàn le tā sāncì.

我见过她一次. (나는 그녀를 한 번 만난 적이 있다.)
Wǒ jiànguò tā yí cì.

我去过那儿两次. (나는 그곳에 두 번 간 적이 있다.)
Wǒ qùguò nàr liǎng cì.

3) 차용동량사

[동사 + 목적어 + 차용동량사]

他踢了狗一脚. (그는 개를 한 번 찼다.)
Tā tī le gǒu yì jiǎo.

我告诉他一声. (내가 그에게 한 마디 하겠다.)
Wǒ gàosù tā yì shēng.

4) 목적어가 인명, 지명, 사람에 대한 호칭일 때

[동사 + 목적어 + 동량사 / 동사 + 동량사 + 목적어]

我去过中国一趟 / 我去过一趟中国.
(나는 중국에 한 번 가본 적이 있다.)
Wǒ qùguò zhōngguó yí tàng / wǒ qùguò yí tàng zhōngguó.

我见过老李一回 / 我见过一回老李.
(나는 이형을 한 번 만난 적이 있다.)
Wǒ jiànguò lǎolǐ yì huí / wǒ jiànguò yì huí lǎo lǐ.

5) 동량보어의 부정형

① "没有"를 동사 앞에 둔다. 이 때 부정사는 동사를 부정하는 것이 아니라, 동량사가 나타내는 동작의 횟수를 부정한다.

美国我只去过一次, 没去过两次.
(미국에 나는 단지 한 번 가봤지, 두 번 가보지 않았다.)
Měiguó wǒ zhǐ qùguò yí cì, méi qùguò liǎng cì.

我只念了一遍课文, 没念了两遍.
(본문을 나는 단지 한 번 읽었지, 두 번 읽지 않았다.)
Wǒ zhǐ niàn le yí biàn kèwén, méi niàn le liǎng biàn.

② 부정사 "不"은 조건문에 쓰인다.

你不尝一口, 怎么知道味道?
(한 입 맛보지도 않고 어떻게 맛을 알겠는가?)
Nǐ bù cháng yì kǒu, zěnme zhīdào wèidào?

연습문제

* 다음 우리말을 중국어로 옮기시오.

1) 어제 그는 백화점에 한 번 다녀왔다.

....

2) 나는 그에게 한 번 꾸지람을 들었다.

....

3) 그녀가 은행에서 일할 때, 나는 그녀를 세 번 만난 적이 있다.

....

4) 나는 그에게 한 번 권했지만, 그는 들으려 하지 않았다.

....

5) 나는 그의 집에 여러 번 가본 적이 있다.

....

6) 이리가 닭을 한 입에 물었다.

....

7) 어제 밤에 눈이 한 차례 내렸다.

....

8) 갑자기 한 바탕 바람이 분 후에 폭우가 내리기 시작했다.

....

9) 선생님은 고개를 들어 나를 한 번 쳐다봤다.

....

10) 나는 교실에 가서 그를 세 번이나 찾았는데, 그는 모두 없었다.

....

* 다음 단어를 어순에 알맞게 배열하세요.

1) 他　过　几　中国菜　几　尝

……………………………………………………………………

2) 我　过　三　找　他　次

……………………………………………………………………

3) 晚上　下　一场　了　雪　昨天

……………………………………………………………………

4) 我们　公司　开　每周　会　一次

……………………………………………………………………

5) 他　到　昨天　釜山　去　了　一趟

……………………………………………………………………

단어정리

百货大楼(Bǎihuòdàlóu): 백화점.
狼(Láng): 이리.
鸡(Jī): 닭.
忽然(Hūrán): 갑자기.
抬头(Táitóu): 고개를 들다.
尝(Cháng): 맛보다.
批评(Pīpíng): 꾸지라다.
咬(Yǎo): 물다.
一口(Yì kǒu): 한 입, 한모금.
暴雨(Bàoyǔ): 폭우.
中国菜(Zhōngguó cài): 중국음식.

제 30 과
"是~的" 강조용법

"是~的"구문은 동작이 발생한 시간, 장소, 방식, 대상, 목적, 조건 등을 강조한다. 즉 과거에 발생한 동작을 표시할 때 사용한다.

1. "是~的"의 용법

1) 시간

我妹妹是昨天回去的. (내 여동생은 어제 돌아갔다.)
Wǒ mèimei shì zuótiān huíqù de.

他们是去年来的. (그들은 작년에 왔다.)
Tāmen shì qùnián lái de.

学校是什么时候开学的? (학교는 언제 개학했니?)
Xuéxiào shì shénmeshíhòu kāixué de?

学校是九月一号开学的. (학교는 9월 1일 개학했다.)
Xuéxiào shì jiǔ yuè yí hào kāixué de.

2) 장소

你是从哪儿来的? (당신은 어디에서 왔습니까?)
Nǐ shì cóng nǎr lái de?

我是从中国来的. (나는 중국에서 왔습니다.)
Wǒ shì cóng zhōngguó lái de.

他们是在宿舍认识的. (그들은 기숙사에서 알았다.)
Tāmen shì zài sùshè rènshí de.

我是在路上遇见他的. (나는 길에서 우연히 그를 만났다.)
Wǒ shì zài lùshàng yùjiàn tā de.

3) 방식

你是怎么来的? (당신은 어떻게 왔습니까?)
Nǐ shì zěnme lái de?

我是坐公交车来的. (나는 버스 타고 왔다.)
Wǒ shì zuò gōngjiāochē lái de.

爸爸是坐飞机去的. (아빠는 비행기 타고 가셨다.)
Bàba shì zuò fēijī qù de.

我是骑自行车来的, 他是走路来的.
(나는 자전거 타고 왔고, 그는 걸어서 왔다.)
Wǒ shì qí zìxíngchē lái de, tā shì zǒu lù lái de.

4) 행위자

这张票是他买的. (이 표는 그가 샀다.)
Zhè zhāng piào shì tā mǎi de.

这件事是谁做的? (이 일은 누가 했니?)
Zhè jiàn shì shì shéi zuò de?

那件事是老李做的. (그 일은 라오리가 했다.)
Nà jiàn shì shì lǎolǐ zuò de.

是谁锁门的? (누가 문을 잠궜니?)
Shì shéi suǒ mén de?

5) 목적

你是为什么来的? (당신은 왜 왔습니까?)
Nǐ shì wèishénme lái de?

我是为这件事来的. (나는 이 일로 왔다.)
Wǒ shì wèi zhè jiàn shì lái de.

他是来找工作的. (그는 일자리를 찾으러 왔다.)
Tā shì lái zhǎo gōngzuò de.

我是来中国学习汉语的. (나는 중국어를 공부하러 중국에 왔다.)
Wǒ shì lái zhōngguó xuéxí hànyǔ de.

6) 대상, 조건 등 기타

这双鞋是给你买的. (이 신발은 너 주려고 산 것이다.) (대상)
Zhè shuāng xié shì gěi nǐ mǎi de.

这次冠军是在大家的努力下拿到的.
(이번 우승은 모두의 노력 하에 얻은 것이다.) (조건)
Zhècì guànjūn shì zài dàjiā de nǔlì xià ná dào de.

是妹妹把毛衣借给姐姐的.
(여동생이 쉐터를 언니에게 빌려줬다.) (문장 전체의 주어 강조)
Shì mèimei bǎ máoyī jiè gěi jiě jie de.

2. "是 ~的" 용법의 특징

1) 긍정문에서는 "是" 자체를 생략할 수 있다. 그러나 주어가 지시대사, 즉 这, 那 일 때는 "是"를 생략할 수 없다.

他从上海来的. (그는 상해에서 왔다.)
Tā cóng shànghǎi lái de.

你什么时候到的? (너는 언제 도착했니?)
Nǐ shénmeshíhòu dào de?

那是在超市买的. (그것은 슈퍼에서 샀다.)
Nà shì zài chāoshì mǎi de.

这是昨天看的. (이것은 어제 봤다.)
Zhè shì zuótiān kàn de.

2) 부정할 때는 반드시 "不是 ~的"의 형식으로 한다.

我爸爸不是坐飞机去的. (내 아빠는 비행기 타고 가시지 않았다.)
Wǒ bàba bú shì zuò fēijī qù de.

他不是昨天来的, 是前天来的. (그는 어제 오지 않고, 그제 왔다.)
Tā bú shì zuótiān lái de, shì qiántiān lái de.

3) 목적어가 명사일 경우 "的" 다음에 둘 수 있다. 그러나 의미상의 차이는 없다.

我是昨天晚上打的电话. (내가 어제 저녁에 전화를 했다.)
Wǒ shì zuótiān wǎnshang dǎ de diànhuà.

=我是昨天晚上打电话的.
Wǒ shì zuótiān wǎnshang dǎ diànhuà de.

我是前天丢的手机. (나는 그제 핸드폰을 잃어버렸다.)
Wǒ shì qiántiān diū de shǒujī.

=我是前天丢手机的.
Wǒ shì qiántiān diū shǒujī de.

앞 문장에서 "的" 다음에 놓인 "电话", "手机"는 명사이다. 따라서 명사를 "的" 다음으로 두었다. 두 문장 모두 "내가 어제 저녁에 전화했다", "내가 그제 핸드폰을 잃어 버렸다"라는 뜻으로 의미상 변화는 없다.

4) 그러나 목적어가 인칭대명사일 때는 "的" 다음에 둘 수 없다.

他是昨天告诉的我. (×)
Tā shì zuótiān gàosù de wǒ.

他是昨天告诉我的. (○) (그가 어제 나에게 알려주었다.)
Tā shì zuótiān gàosù wǒ de.

앞의 문장은 목적어 "我"가 인칭대명사이기 때문에 "的" 뒤에 둘 수 없다. 따라서 아래 문장이 정확하다.

5) "是 ~的"구문이 문장에서 목적어로 쓰이기도 한다.

我不知道他是什么时候去的. (나는 그가 언제 갔는지 모른다.)
Wǒ bù zhīdào tā shì shénmeshíhòu qù de.

我不知道他们是在哪儿认识的.
(나는 그들이 어디에서 알았는지 모른다.)
Wǒ bù zhīdào tāmen shì zài nǎr rènshí de.

6) 의문문의 구조는 다음과 같다.

① "是 ~的吗?"

② "是不是 ~的?"

③ "是+의문사 ~的?"

这个菜是你做的吗? (이 음식은 당신이 만들었습니까?)
Zhè ge cài shì nǐ zuò de ma?

这个菜是不是你做的? (이 음식은 당신이 만들었습니까?)
Zhè ge cài shì bú shì nǐ zuò de?

这个菜是谁做的? (이 음식은 누가 만들었습니까?)
Zhè ge cài shì shéi zuò de?

연습문제

* 다음 우리말을 중국어로 옮기시오.

1) 이 사전은 외국에서 사온 것이다.

....

2) 나는 친구와 함께 온 것이 아니라, 혼자 왔다.

....

3) 나는 5년 전에 그를 알았다.

....

4) 이 사진은 북경에서 찍었다.

....

5) 그는 2021년에 대학을 졸업했다.

....

6) 책은 탁자 밑에서 찾았습니다.

....

7) 그는 여러 해 전에 경찰을 했습니다.

....

8) 당신 지갑은 도둑이 훔쳐갔습니까?

....

9) 사실 내 자신이 찾아 낸 것이 아니라, 기사가 보내 온 것입니다.

....

10) 이 편지는 누가 부쳐온 것입니까?

....

* 다음 단어를 어순에 알맞게 배열하세요.

1) 借　书　从　本　是　图书馆　的　这　来

……………………………………………………………………

2) 事故　的　十字路口　是　在　发生　上

……………………………………………………………………

3) 是　应该　这　我　件　的　事　做

……………………………………………………………………

4) 那　毛衣　件　打　我　的　是

……………………………………………………………………

5) 我爸爸　的　上海　是　来　从

……………………………………………………………………

단어정리

认识(Rènshí): 알다.	照片(Zhàopiàn): 사진.
照(Zhào): (사진을)찍다.	底下(Dǐxia): 밑.
找(Zhǎo): 찾다.	好几年(Hǎojǐnián): 여러 해.
钱包(Qiánbāo): 지갑.	小偷(Xiǎotōu): 도둑.
偷(Tōu): 훔치다.	司机(Sījī): 기사.
寄(Jì): 부치다.	这封信(Zhèfēngxìn): 이 편지.
事故(Shìgù): 사고.	十字路口(Shízìlùkǒu): 네거리.
发生(Fāshēng): 발생하다.	应该(Yīnggāi): 마땅히 ~해야 한다.
毛衣(Máoyī): 쉐타.	打(Dǎ): 짜다.

제 31 과
복문(2)

1. 종속복문

주절과 종속절로 이루어지며, 종속절은 주절에 대해서 설명하거나 제한하게 된다.

1) 전환복문

종속절과 주절의 내용이 서로 상반되거나 뒤에 다른 내용이 온다. 즉 앞 절에서는 한 가지 사실을 서술하고 뒤 절에서는 앞 절의 내용과 상반되는 내용으로 전환된다.

① "虽然 ~但是 ~": 비록 ~한다 할지라도, (그러나) ~하다.

虽然은 주어 앞이나 뒤에 놓일 수도 있고, 생략도 가능하며, 때로는 虽로 축약되거나 虽说로 쓰여 지기도 한다. 但是는 可是 / 却 등으로 바꿔 쓸 수 있으며, 반드시 뒷문장의 앞에 놓아야 한다.

这篇文章虽然不长, 可是内容很丰富.
(이 문장이 비록 길지 않더라도, 내용은 매우 풍부하다.)
Zhè piān wénzhāng suīrán bù cháng, kěshì nèiróng hěn fēngfù.

这虽是一句老话, 却含有很大的道理.
(이것은 비록 한 마디의 옛말이지만 커다란 이치를 담고 있다.)
Zhè suī shì yí jù lǎo huà, què hányǒu hěn dà de dàolǐ.

他虽然能说汉语, 但不认识汉字.
(그가 비록 중국어를 말할 수 있다 할지라도, 한자를 알지 못한다.)
Tā suīrán néng shuō hànyǔ, dàn bú rènshí hànzì.

他虽然上了年纪, 但是精神还挺好.
(그가 나이를 먹었지만, 정신은 아직 아주 좋다.)
Tā suīrán shàng le niánjì, dànshì jīngshén hái tǐng hǎo.

虽然我们很久没见到你, 但是常听到你的消息.
(비록 우리는 오랫동안 당신을 못 만났지만, 늘 당신의 소식을 듣고 있다.)
Suīrán wǒmen hěn jiǔ méi jiàn dào nǐ, dànshì cháng tīngdào nǐ de xiāoxi.

他虽然不是中国人, 但是汉语说得很好.
(그가 비록 중국 사람이 아니라 할지라도, 중국어를 매우 잘한다.)
Tā suīrán bú shì zhōngguórén, dànshì hànyǔ shuō de hěn hǎo.

这件衣服虽然好看, 可是太小.
(이 옷은 비록 보기 좋다할지라도, 너무 작다.)
Zhè jiàn yīfu suīrán hǎokàn, kěshì tài xiǎo.

他虽然在中国住了很久, 可是听不懂汉语.
(그가 비록 중국에서 매우 오랫동안 살았다 할지라도, 중국어를 알아들을 수 없다.)
Tā suīrán zài zhōngguó zhù le hěn jiǔ, kěshì tīng bù dǒng hànyǔ.

虽说我们是第一次见面, 可是也很投机.
(비록 우리들이 처음 만났다 할지라도, 매우 의기투합했다.)
Suīshuō wǒmen shì dì yí cì jiànmiàn, kěshì yě hěn tóujī.

② "~, 不过(可是) ~": -하나, (그러나) -하다.

这件风衣很好看, 不过价格贵了点儿.
(이 코트는 예쁘긴 한데, 가격이 조금 비싸다.)
Zhè jiàn fēngyī hěn hǎokàn, búguò jiàgé guì le diǎnr.

你身体比以前好多了, 不过还要注意
(네 몸은 예전에 비해 많이 좋아졌지만 아직 주의해야 한다.)
Nǐ shēntǐ bǐ yǐqián hǎoduō le, búguò hái yào zhùyì.

刚到中国时, 他生活不习惯, 不过现在好多了
(중국에 막 왔을 때 그는 생활에 익숙하지 못했지만, 지금은 많이 나아졌다.)
Gāng dào zhōngguó shí, tā shēnghuó bù xíguàn, búguò xiànzài hǎoduō le.

③ "~, 否则 ~": 그렇지 않으면. 여기서 否则는 "要不然, 要不, 不然" 등과 같은 의미이다.

뒤 절의 맨 앞에 위치하여, 앞 절에서 말한 대로 실현되지 않을 경우 발생한 결과를 나타낸다. 뒤 절은 선택을 제공할 수도 있고, 반문이 될 수도 있다.

他一定有信心, 否则他是不会答应的.
(그는 분명히 자신이 있다. 그렇지 않으면 그는 허락하지 않았을 것이다.)
Tā yí dìng yǒu xìnxīn, fǒuzé tā shì bú huì dāyīng de.

你最好下午去, 否则就明天一早去
(네가 오후에 가는 게 가장 좋고, 그렇지 않으면 내일 아침 일찍 가라.)
Nǐ zuì hǎo xiàwǔ qù, fǒuzé jiù míngtiān yì zǎo qù.

2) 인과복문

종속절에서는 이유나 원인을 설명하고, 주절에서는 그에 따른 결과를 나타낸다.

① "因为 ~所以 ~": 인과관계. ~하기 때문에 ~하다.

因为는 주로 앞 문장에 쓰이나 때로는 뒷문장의 앞에 놓일 수도 있다.

因为他病了, 所以没有来上课.
(그가 병이 났기 때문에, 수업하러 오지 않았다.)
Yīnwèi tā bìng le, suǒyǐ méiyǒu lái shàngkè.

因为路上堵车, 所以我迟到了.
(길이 막혔기 때문에 나는 지각했다.)
Yīnwèi lùshàng dǔchē, suǒyǐ wǒ chídào le.

我昨天因为发高烧, 所以请假没上班.
(나는 어제 고열이 났기 때문에 휴가원을 내고 출근하지 않았다.)
Wǒ zuótiān yīnwèi fāgāoshāo, suǒyǐ qǐngjià méi shàngbān.

大家都很喜欢李老师, 是因为他经常关心学生的生活.
(모두는 이 선생님께서 늘 학생들의 생활에 관심을 갖고 계시기 때문에, 이 선생님을 아주 좋아한다.)
Dàjiā dōu hěn xǐhuān lǐ lǎoshī, shì yīnwèi tā jīngcháng guānxīn xuéshēng de shēnghuó.

因为他是个坏人, 所以我不喜欢他.
(그가 나쁜 사람이기 때문에, 나는 그를 싫어한다.)
Yīnwèi tā shì ge huàirén, suǒyǐ wǒ bù xǐhuān tā.

因为我爱你, 所以我为你做菜.
(내가 너를 사랑하기 때문에 나는 너를 위해 음식을 만든다.)
Yīnwèi wǒ ài nǐ, suǒyǐ wǒ wèi nǐ zuò cài.

② "之所以 ~, 是因为 ~": ~한 것은 (~한 까닭은)(~한 이유는) ~이기 때문이다.

我之所以跟你合作, 是因为我相信你.
(내가 자네와 합작한 까닭은 내가 자네를 믿기 때문이네.)
Wǒ zhī suǒyǐ gēn nǐ hézuò, shì yīnwèi wǒ xiāngxìn nǐ
(=因为我相信你, 所以我跟你合作.
Yīnwèi wǒ xiāngxìn nǐ, suǒyǐ wǒ gēn nǐ hézuò.)

③ "由于 ~所以 ~": ~하기 때문에 ~하다. 서면어에 주로 사용한다. 所以 대신 因此 / 因而 등이 호응한다.

由于生活环境很艰苦, 所以他的身体越来越不好.
(생활환경이 아주 험난하기 때문에 그의 몸은 갈수록 나빠졌다.)
Yóuyú shēnghuó huánjìng hěn jiānkǔ, suǒyǐ tā de shēntǐ yuè lái yuè bù hǎo.

由于事先做了充分的准备, 因此会议开得很成功.
(사전에 충분한 준비를 했기 때문에 회의는 아주 성공적으로 개최되었다.)
Yóuyú shìxiān zuò le chōngfèn de zhǔnbèi, yīncǐ huìyì kāi de hěn chénggōng.

由于他平时很少锻鍊, 所以他的身体不太结实.
(그는 평소에 단련을 잘 안 해서 몸이 별로 튼튼하지 않다.)
Yóuyú tā píngshí hěn shǎo duànliàn, suǒyǐ tā de shēntǐ bú tài jiēshi.

由于时间太晚，所以没车坐.
(시간이 너무 늦었기 때문에 탈 차가 없습니다.)
Yóuyú shíjiān tài wǎn, suǒyǐ méi chē zuò.

由于父母的反对，所以他们无法结婚.
(부모님의 반대 때문에 그들은 결혼할 방법이 없다.)
Yóuyú fùmǔ de fǎnduì, suǒyǐ tāmen wúfǎ jiéhūn.

由于他来得太晚，所以我们很生气.
(그가 너무 늦게 왔기 때문에 우리는 매우 화가 났다.)
Yóuyú tā lái de tài wǎn, suǒyǐ wǒmen hěn shēngqì.

由于他还没来，所以现在我们都不能动身.
(그가 아직 오지 않았기 때문에 지금 우리는 모두 출발할 수 없습니다.)
Yóuyú tā hái méi lái, suǒyǐ xiànzài wǒmen dōu bù néng dòngshēn.

由于工作忙，所以一直没给你写信.
(일이 바쁘기 때문에 줄곧 너에게 편지를 쓰지 못했다.)
Yóuyú gōngzuò máng, suǒyǐ yì zhí méi gěi nǐ xiě xìn.

④ "既然 ~就 ~": ~한 이상 ~하다. 就대신 也 / 还 등을 사용하며, 이들 부사는 술어 앞에 사용해야 한다.

你既然来了，就在这里多住几天吧.
(당신이 오신 이상 여기에 며칠 더 머무르세요.)
Nǐ jì rán lái le, jiù zài zhèli duō zhù jǐ tiān ba.

你既然学汉语就要认真学.
(당신이 중국어를 배운 이상 열심히 배워야 합니다.)
Nǐ jì rán xué hànyǔ jiù yào rèn zhēn xué.

既然他要那个, 我们就给他吧.
(그가 그것을 원하는 이상 우리는 그에게 줍시다.)
Jì rán tā yào nà ge, wǒmen jiù gěi tā ba.

既然不知道就不应该乱说
(모르는 이상 함부로 얘기해서는 안 됩니다.)
Jì rán bù zhīdào jiù bù yīnggāi luàn shuō.

既然你已经决定了, 我就不反对了.
(당신이 이미 결정했으니, 나도 반대하지 않을게.)
Jì rán nǐ yǐjīng juédìng le, wǒ jiù bù fǎnduì le.

3) 조건복문

앞 절에서는 어떤 조건을 제시하고, 뒤 절에서는 그 결과를 설명한다.

① "只要 ~就 ~": ~하기만 하면 곧 ~하다.

只要我们不断努力, 就会成功的.
(우리들이 끊임없이 노력하기만 하면 성공할 것이다.)
Zhǐyào wǒmen búduàn nǔlì, jiù huì chénggōng de.

只要调查研究, 就不犯错误.
(조사연구를 하기만 하면 잘못을 범하지 않는다.)
Zhǐyào diàochá yánjiū, jiù báfàn cuòwù.

只要你把学习方法改一改, 就可以学得更好.
(당신은 학습방법을 좀 고치기만 하면 더 잘 배울 수 있다.)
Zhǐyào nǐ bǎ xuéxí fāngfǎ gǎi yì gǎi, jiù kěyǐ xué de gèng hǎo.

只要他在我身旁, 我就能专心致志地学习.
(그가 내 옆에 있기만 하면 나는 전심전력을 다해 공부할 수 있다.)
Zhǐyào tā zài wǒ shēn páng, wǒ jiù néng zhuānxīnzhìzhì de xuéxí.

我们只要有地图, 就可以去那儿.
(우리는 지도만 있으면 거기에 갈 수 있다.)
Wǒmen zhǐyào yǒu dìtú, jiù kěyǐ qù nàr.

只要努力一定会成功. (노력하기만 하면 반드시 성공할 것이다.)
Zhǐyào nǔlì yí dìng huì chénggōng.

② "只有 ~才 ~": 단지 ~해야 만이 비로소 ~하다.

只有你来, 这个问题才能解决.
(당신이 와야 만이 이 문제가 해결될 수 있다.)
Zhǐyǒu nǐ lái, zhè ge wèntí cáinéng jiějué.

只有你去叫他, 他才会来.
(당신이 부르러 가야지만 그는 올 것이다.)
Zhǐyǒu nǐ qù jiào tā, tā cái huì lái.

只有成绩好, 才能找到好工作.
(성적이 좋아야 만이 비로소 좋은 일자리를 찾을 수 있다.)
Zhǐyǒu chéngjī hǎo, cáinéng zhǎodào hǎo gōngzuò

③ "除了 ~以外, 都 ~": ~을 제외하고, 모두 ~하다. (앞 대상을 배제함): 언급된 것은 포함되지 않음을 나타낼 수 있는데, 이럴 경우 뒤에 都 / 没有가 뒤 따른다.

除了他以外, 别的学生都到了.
(그를 제외하고 다른 학생들은 다 왔다.)
Chúle tā yǐwài, bié de xuéshēng dōu dào le.

除了他会说汉语以外, 我们都不会说汉语.
(그가 중국어를 할 줄 아는 것 외에, 우리는 모두 중국어를 할 줄 모른다.)
Chúle tā huì shuō hànyǔ yǐwài, wǒmen dōu bú huì shuō hànyǔ.

除了书架以外, 房间里没有别的家具.
(책꽂이 외에는 방안에 다른 가구가 없다.)
Chúle shūjià yǐwài, fángjiānli méiyǒu bié de jiājù.

这儿懂西班牙语的, 除了他还有两个人.
(여기서 스페인어를 아는 사람은 그 사람 외에도 두 명이 더 있다.)
Zhèr dǒng xībānyáyǔ de, chúle tā hái yǒu liǎng ge rén.

除了他以外, 大家都会说汉语.
(그를 제외하고는 모두 중국어를 말할 줄 안다.)
Chúle tā yǐwài, dàjiā dōu huì shuō hànyǔ.

除了他以外, 我们都是中国人.
(그를 제외하고 우리는 모두 중국인입니다.)
Chúle tā yǐwài, wǒmen dōu shì zhōngguórén.

④ "除了 ~以外, 还 ~": ~ 이외에(게다가) 또 ~하다. (앞 대상을 포함함): 무엇 외에 또 다른 무엇이 있다는 것을 나타낼 수 있는데, 이 경우 뒤에 항상 부사 还 / 也 / 又 등이 따른다.

除了滑雪以外, 他还会滑冰.
(스키 외에 그는 스케이트도 탈 줄 안다.)
Chúle huáxuě yǐwài, ta hái huì huábīng.

我除了星期天以外, 星期三也有空.
(나는 일요일 외에 수요일에도 틈이 있다.)
Wǒ chúle xīngqītiān yǐwài, xīngqīsān yěyǒu kòng.

除了春节以外, 还过什么节日呢?
(춘절 외에 또 무슨 명절을 지내십니까?)
Chúle chūnjié yǐwài, háiguò shénme jiérì ne?

你的老朋友除了他以外还有谁?
(당신의 친한 친구는 그를 제외하고 또 누가 있습니까?)
Nǐ de lǎo péngyǒu chúle tā yǐwài hái yǒu shéi?

除了她以外, 这一班里还有五个女生.
(그녀를 제외하고 이 반에는 또 5명의 여학생이 있다.)
Chúle tā yǐwài, zhè yìbānli hái yǒu wǔ ge nǚshēng.

除了汉语以外, 他还会说日语.
(중국어 이외에 그는 또 일어를 말할 줄 안다.)
Chúle hànyǔ yǐwài, tā hái huì shuō rìyǔ.

4) 가정복문

앞 절에서는 가정이나 가설을 나타내고, 뒤 절에서는 가설이 실현될 경우 생길 수 있는 결과를 설명한다.

①

"如果 ~, 就 ~": 만약 ~한다면 ~하다. "要是 ~, 就 ~" "如果 / 要是 ~的话" "~的话" "假如 ~"

如果他是你的朋友, 就一定会帮助你的.
(만약 그가 너의 친구라면, 반드시 너를 도울 것이다.)
Rúguǒ tā shì nǐ de péngyǒu, jiù yí dìng huì bāngzhù nǐ de.

如果我是你, 我也会这样做的.
(만약 내가 너라면 나도 이렇게 할 것이다.)
Rúguǒ wǒ shì nǐ, wǒ yě huì zhè yàng zuò de.

如果你有事儿, 就先去吧. (만약에 일이 있으면 먼저 가.)
Rúguǒ nǐ yǒu shèr, jiù xiān qù ba.

如果他不紧张的话, 会说得更好.
(만약에 그가 긴장을 안했다면, 말을 더 잘 했을 거야.)
Rúguǒ tā bù jǐnzhāng de huà, huì shuō de gèng hǎo.

要是有人来找我, 你就説我不在.
(만약에 어떤 사람이 나를 찾아온다면, 너는 내가 없다고 말해라.)
Yàoshì yǒurén lái zhǎo wǒ, nǐ jiù shuō wǒ bú zài.

要是明天也下雨, 我們就去不了.
(만약에 내일도 비가 온다면, 우리들은 갈 수 없다.)
Yàoshì míngtiān yě xià yǔ, wǒmen jiù qù bù liǎo.

要是我是鸟, 我就马上飞到你的家.
(만약에 내가 새라면, 나는 곧 바로 너의 집으로 날아 갈 것이다.)
Yàoshì wǒ shì niǎo, wǒ jiù mǎ shang fēi dào nǐ de jiā.

我是你的话, 我就选择那个(내가 너라면 저걸 선택하겠어.)
Wǒ shì nǐ de huà, wǒ jiù xuǎnzé nà ge.

如果你喜欢这个, 那就拿走吧. (너 이게 맘에 들면 가져가.)
Rúguǒ nǐ xǐhuān zhè ge, nà jiù ná zǒu ba.

假如你们八点出发, 就能赶上火车.
(만약에 너희들이 8시에 출발한다면 기차를 탈 수 있을 거야.)
Jiǎrú nǐmen bā diǎn chūfā, jiù néng gǎn shàng huǒchē.

假如今天不能答复, 那我明天再来一趟.
(만약에 오늘 대답할 수 없다면, 내가 내일 다시 한 번 올게.)
Jiărú jīntiān bù néng dáfù, nà wǒ míngtiān zài lái yí tàng.

② "即使 ~,也 ~": 설령(설사) ~한다 할지라도. 양보의 가설을 나타냄.

即使是一个天才, 也要刻苦努力.
(천재라 할지라도 열심히 노력해야 해.)
Jí shǐ shì yí ge tiāncái, yě yào kèkǔ nǔlì.

即使明天下雨, 我也要去.
(설령 내일 비가 온다하더라도 나는 가겠다.)
Jí shǐ míngtiān xià yǔ, wǒ yě yào qù.

即使说错了, 也没有关系(설령 틀리게 말했다 하더라도 상관없다.)
Jí shǐ shuō cuò le, yě méiyǒu guān xi.

即使这个比较贵, 我也要买.
(설사 이것이 비교적 비싸더라도 나는 사겠습니다.)
Jí shǐ zhè ge bǐjiào guì, wǒ yě yào mǎi.

即使你不来, 我也会等你的.
(설사 당신이 오지 않더라도 나는 당신을 기다릴 것입니다.)
Jí shǐ nǐ bù lái, wǒ yě huì děng nǐ de.

③ 哪怕 ~也 ~: 설령 ~한다 할지라도. 也 대신 都 / 还로 대체할 수 있다.

哪怕天气不好, 我们也要去.
(설령 날씨가 좋지 않더라도 우리들은 가야 한다.)
Năpà tiānqì bù hǎo, wǒmen yě yào qù.

哪怕工作到深夜, 他也要抽出时间学习.
(늦은 밤까지 일한다 해도 그는 시간을 내서 공부한다.)
Nǎpà gōngzuò dào shēnyè, tā yě yào chōuchū shíjiān xuéxí.

哪怕在非常困难的条件下, 我们也要继续坚持下去.
(설령 아주 어려운 조건에서라도, 우리는 계속 밀고 나갈 것이다.)
Nǎpà zài fēicháng kùnnán de tiáojiàn xià, wǒmen yě yào jìxù jiānchí xià qù.

④ 就是 ~也 ~: 설령 ~한다 할지라도.

就是家里有事, 他也不随便请假.
(설사 집에 일이 있어도 그는 마음대로 휴가를 내지 않는다.)
Jiùshì jiāli yǒu shì, tā yě bù suíbiàn qǐngjià.

你就是说错了, 那也没有什么关系.
(네 말이 설사 틀렸다하더라도 뭐 별 상관은 없다.)
Nǐ jiù shì shuō cuò le, nà yě méiyǒu shénme guānxi.

⑤ 就算 ~也 ~: 설령 ~한다 할지라도.

就算有困难, 也不会太大.
(설령 곤란이 있다 해도, 그다지 심하지 않을 것이다.)
Jiùsuàn yǒu kùnnán, yě bú huì tài dà.

5) 목적복문

~하기 위해 ~하다'란 뜻으로, 종속절은 어떤 목적을 나타내고, 주절에서는 그 목적을 이루기 위한 행동 등을 나타낸다.

① "为 ~": ~하기 위해서

"为了 ~": ~하기 위해서

* 为와 为了의 비교

为 ⓐ 4성 / -하기 위해서:

为人民服务(Wèirénmínfúwù.) (인민을 위해서 봉사한다.)

ⓑ ~ 때문에:

你不满意就是为这个吗?
(당신이 만족하지 못한 것은 이것 때문입니까?)
Nǐ bù mǎnyì jiùshì wèi zhè ge ma?

为 ⓐ 2성: 동사로 쓰일 경우: -하다 / 행하다 / 만들다.

所作所为(SuǒzuòSuǒwéi) (하는 것(행위) 모두.)

ⓑ 以 ~为 ~: -이 되다. -로 생각하다. -로 여기다(삼다).

以劳动为贵(Yǐláodòng wéiguì)(노동을 귀하게 여기다.)

ⓒ 피동으로 쓰일 경우: 为 ~所 ~:

侵略者为人民所败. (침략자가 인민에게 패배를 당하다.)
Qīnlüèzhě wéi rénmín suǒ bài

敌人为我们所败(Dírén wéi wǒmen suǒ bài)(적이 우리에게 패하다.)

为了: 목적을 나타내며, 앞 절과 뒷 절에 쓸 수 있다.

为了学习英语, 他买了一本英语词典.
(영어 공부를 위해, 그는 영어 사전 한 권을 샀다.)
Wèile xuéxí yīngyǔ, tā mǎi le yì běn yīngyǔ cídiǎn.

为了漂亮, 她正在减肥. (예뻐지기 위해 그녀는 다이어트 중이야.)
Wèile piàoliang, tā zhèngzài jiǎnféi.

我一定会回来, 为了你. (나는 반드시 돌아올 것이야, 너를 위해서.)
Wǒ yí dìng huì huí lái, wèile nǐ.

② "是为了 / 为的是": -하는 것은-을 위한 것이다. 是为了 / 为的是는 뒤 절에 놓여, 앞 절의 행동이 뒤 절의 목적을 이루기 위한 것이었음을 강조한다. 주로 이미 일어난 일에 쓴다.

我今天早点儿回家, 为的是跟家人一起吃团圆饭.
(내가 오늘 일찍 집에 돌아가는 것은 가족과 함께 식사하기 위해서야.)
Wǒ jīntiān zǎo diǎnr huí jiā, wèi de shì gēn jiārén yì qǐ chī tuányuán fàn.

我这么做是为了你们好.
(내가 이렇게 하는 것은 너희들이 잘되라고 그러는 거야.)
Wǒ zhème zuò shì wèile nǐmen hǎo.

这次来中国, 为的是做生意.
(이 번에 중국에 온 것은 장사를 하기 위해서야.)
Zhècì lái zhōngguó, wèi de shì zuò shēngyì

他六点起床, 为的是去医院看病人.
(그가 6시에 일어난 것은 병원에 문병가기 위해서이다.)
Tā liù diǎn qǐchuáng, wèi de shì qù yīyuàn kàn bìngrén.

她早就起来了, 为的是跟我们一起去长城.
(그녀가 벌써 일어난 것은 우리와 함께 만리장성에 가기 위해서 이다.)
Tā zǎojiù qǐlái le, wèi de shì gēn wǒmen yì qǐ qù chángchéng.

③ "~好 ~": ~하도록 / ~하기 쉽도록. 회화에 많이 쓰이며 앞 절의 동작은 뒤 절의 동작을 쉽게 하기 위한 것임을 나타낸다.

你把手机号码留下来，有事好联系
(자네 전화번호를 남겨놓게, 무슨 일 있으면 연락하기 쉽게.)
Nǐ bǎ shǒujīhàomǎ liú xià lái, yǒushì hǎo liánxì.

别忘了带伞，下雨好用.
(우산 가지고 가는 것을 잊지 말게, 비가 오면 쓸 수 있게.)
Bié wàng le dài sǎn, xià yǔ hǎo yòng.

多去几个人，有事好商量.
(몇 사람 더 가거라, 일이 있으면 상의하기 쉽게.)
Duō qù jǐ ge rén, yǒushì hǎo shāngliang.

④ "~, 以便 ~": ~하기 쉽도록. ~하도록. ~하기 위해서. 以便은 뒤 절의 맨 앞에서 내용이 쉽게 실현되기 위한 목적을 나타낸다.

你把你的英文名告诉我，以便我帮你订机票.
(네 영문 이름을 알려줘, 내가 네 항공권을 예약하기 쉽도록.)
Nǐ bǎ nǐ de yīngwén míng gàosù wǒ, yǐbiàn wǒ bāng nǐ dìng jīpiào.

你先把材料准备好，以便小组开会研究.
(네가 먼저 자료를 잘 준비해, 팀에서 회의를 열어 연구할 수 있도록 말이야.)
Nǐ xiān bǎ cáiliào zhǔnbèi hǎo, yǐbiàn xiǎozǔ kāihuì yánjiū.

⑤ "~, 省得 ~": ~하지 않도록. ~하지 않기 위해서. 省得은 뒷 절의 맨 앞에 위치하여 원하지 않는 일을 피하고자 하는 목적을 설명한다.

你应该经常给家里打电话，省得妈妈担心.
(넌 당연히 자주 집에 전화해야 해, 엄마가 걱정하시지 않도록.)
Nǐ yīnggāi jīngcháng gěi jiāli dǎ diànhuà, shěngde mā ma dānxīn.

把水龙头开小一点儿, 省得浪费.
(수도꼭지를 조금만 틀어, 낭비하지 않게.)
Bǎ shuǐlóngtóu kāi xiǎo yì diǎnr, shěngde làngfèi.

请把窗户, 门关上吧, 省得吵了隣居.
(창문과 문을 닫아 주세요, 이웃에게 시끄럽게 하지 않도록 말이죠.)
Qǐng bǎ chuāng hù, mén guānshàng ba, shěngde chǎo le línjū.

⑥ "~, 免得 ~": ~하지 않도록. 免得은 省得(~하지 않도록) 또는 避免(~을 피하다)의 의미로, 뒷 절의 맨 앞에 위치하여 원하지 않는 일을 피하고자 하는 목적을 나타낸다.

你最好别让他走, 免得以后后悔.
(너 그 사람이 못 떠나게 잡아, 나중에 후회하지 않도록.)
Nǐ zuì hǎo bié ràng tā zǒu, miǎnde yǐhòu hòuhuǐ.

多问几次, 免得走错路.
(몇 번 더 물어보자, 길을 잘못 가지 않게 말야.)
Duō wèn jǐ cì, miǎnde zǒu cuò lù.

快穿上雨衣吧, 免得淋湿你的衣服
(빨리 비옷을 입어, 네 옷이 젖지 않게 말이야.)
Kuài chuān shàng yǔyī ba, miǎnde lín shī nǐ de yīfu.

⑦ "~, 以免 ~": ~하지 않도록. 문어체에 많이 쓰이며, 주로 아직 일어나지 않는 일에 쓴다.

你得说清楚, 以免引起误会
(너 말을 확실히 해, 오해가 생기지 않게.)
Nǐ děi shuō qīng chu, yǐmiǎn yǐnqǐ wùhuì.

⑧ "以 ~": ~하도록. ~을 위하여. ~을 위한 것이다.

学校的图书馆关门较晚, 以方便学生学习.

(학교 도서관이 좀 늦게 문을 닫는 것은 학생들이 공부하는데 편의를 봐주기 위해서다.)(학생들이 공부하는데 편리하도록 학교 도서관이 문을 늦게 닫는다.)

Xuéxiào de túshūguǎn guānmén jiào wǎn, yǐ fāngbiàn xuéshēng xuéxí.

希望以后多运动, 以增强体质.

(네가 이후에 운동을 많이 하길 바래, 체력강화를 위해서 말이야.)

Xīwàng yǐhòu duō yùndòng, yǐ zēngqiáng tǐzhì.

我经常找中国朋友聊天, 以锻鍊我的口语.

(회화연습을 하려고 나는 자주 중국친구를 찾아가 이야기를 나눈다.)

Wǒ jīngcháng zhǎo zhōngguó péngyǒu liáotiān, yǐ duànliàn wǒ de kǒuyǔ.

연습문제

* 다음 우리말을 중국어로 옮기시오.

1) 비록 그가 중국에 있었던 시간은 매우 짧았다 할지라도, 적지 않는 것을 배웠다.

……………………………………………………………………

2) 중국의 비단은 매우 유명하기 때문에, 그 상인은 매우 많이 샀다.

……………………………………………………………………

3) 모두가 다 동의한 이상 나는 아무 의견도 없습니다.

……………………………………………………………………

4) 돈만 있으면 무슨 일이든지 다 해결할 수 있다.

……………………………………………………………………

5) 우리들이 노력해서 공부해야 만이, 비로소 중국어를 잘 배울 수 있다.

……………………………………………………………………

6) 주말에 나는 자는 것 외에는 아무 것도 하고 싶지 않다.

……………………………………………………………………

7) 김 선생 이외에 누구도 이 일을 모른다.

……………………………………………………………………

8) 여러분이 만약 모르는 글자가 있다면 사전을 찾아도 됩니다.

……………………………………………………………………

9) 설령 이 옷이 좀 비싸다 할지라도, 나는 사야겠다.

……………………………………………………………………

10) 외국어를 배우려면 마땅히 많이 말하고, 많이 듣고, 많이 써야 한다. 그렇지 않으면 잘 배울 수 없다.

……………………………………………………………………

* 다음 단어를 어순에 알맞게 배열하세요.

1) 虽然　他　好　的　但是　病　了　休息　要　还　多

……………………………………………………………………

2) 你　明天　空儿　就　我家　吃　到　饭　有　要是

……………………………………………………………………

3) 除了　他　还　汉语　以外　日语　会　说

……………………………………………………………………

4) 因为　急事　有，　参加　没　聚会　去　我

……………………………………………………………………

5) 只要　一定　努力　成功　会

……………………………………………………………………

단어정리

丝绸(sīchóu): 비단.
商人(shāngrén): 상인.
意见(yìjiàn): 의견.
解决(jiějué): 해결하다.
贵(guì): 비싸다.
空儿(kòngr): 시간.
参加(cānjiā): 참가하다.
一定(yí dìng): 반드시, 틀림없이
成功: (chénggōng): 성공하다.
有名(yǒumíng): 유명하다.
同意(tóngyì): 동의하다.
什么事(shénmeshì): 무슨 일.
查词典(chácídiǎn): 사전을 찾다.
休息(xiūxi): 휴식하다.
急事(jíshì): 급한 일.
聚会(jùhuì): 모임.
努力(nǔlì): 노력하다.

연습문제 풀이

1. [제 2 과]

* 다음 우리말을 중국어로 옮기시오.

1) 他是我朋友.
2) 我是大学生.
3) 你是韩国人吗?
4) 这是自行车.
5) 那是圆珠笔.
6) 你是中国留学生吗?
7) 她是你姐姐吗?
8) 这不是钢笔.
9) 他不是老师, 是学生.
10) 那是什么? 那是书.

* 다음 단어를 어순에 알맞게 배열하세요.

1) 你们是不是中国人?
2) 今天不是三月十号.
3) 那个字是什么意思?
4) 这不是钢笔吗?
5) 我不是工人, 是大学生.

2. [제 3 과]

* 다음 우리말을 중국어로 옮기시오.

1) 老师说, 我们听.
2) 哥哥听音乐, 我看电影.

3) 我姐姐不买东西.
4) 我喝酒, 不抽烟.
5) 他给我两本书.
6) 谁教你们中国历史?
7) 你有没有问题?
8) 谁没有词典?
9) 我现在没有机会说汉语.
10) 我现在没有时间吃饭.

* 다음 단어를 어순에 알맞게 배열하세요.

1) 我弟弟做作业.
2) 陈老师教我妹妹汉语.
3) 现在你有时间看小说吗?
4) 现在你有钱吗?
5) 我们不认识汉语老师.

3. [제 4 과]

* 다음 우리말을 중국어로 옮기시오.

1) 我们的宿舍很干净.
2) 图书馆的书很多.
3) 那个孩子很勇敢.
4) 这件衣服干净, 那件衣服脏.
5) 这个星期我们不太忙.
6) 首尔的冬天不很冷.
7) 北京的夏天热吗?
8) 我们去参观的那个工厂很大.

9) 他们不都是大学生.
10) 我们也都喜欢她.

* 다음 단어를 어순에 알맞게 배열하세요.

1) 这个汉字很难.
2) 我肚子不太饿.
3) 他们也都会说汉语吗?
4) 这本书不太贵.
5) 我们都是韩国人.

4. [제 5 과]

* 다음 우리말을 중국어로 옮기시오.

1) 我奶奶身体很好.
2) 她眼睛很大.
3) 济州岛风景很美丽.
4) 他工作很积极, 很认真.
5) 这儿买东西很方便.
6) 她做菜很拿手.
7) 我们希望老师快点儿下课.
8) 我知道他是个勇敢的人.
9) 我要说明这个意见不对.
10) 锻鍊身体非常重要.

* 다음 단어를 어순에 알맞게 배열하세요.

1) 那个姑娘头发真黑.

2) 我希望妈妈快点儿回来.
3) 画画儿是一种业余活动.
4) 我希望你学习英语.
5) 我知道昨天他没来.

5. [제 6 과]

* 다음 우리말을 중국어로 옮기시오.

1) 我们每天下午五点下课.
2) 我妈妈每天晚上散步两个小时.
3) 今天二月十号星期天.
4) 我今年二十三岁.
5) 他不是北京人.
6) 你哪里人?
7) 这本书多少钱?
8) 今天几月几号星期几?
9) 苹果五块三一斤.
10) 我们学校的图书馆早上七点开门.

* 다음 단어를 어순에 알맞게 배열하세요.

1) 百货大楼上午十点开门.
2) 我妹妹每天晚上学习三个小时.
3) 下个月十号不是星期天.
4) 我们每天早上八点上课.
5) 五月九号是星期三.

6. [제 7 과]

* 다음 우리말을 중국어로 옮기시오.

1) 这个电影很有意思吗?
2) 王老师教你们语法吧?
3) 这是我的帽子, 你的呢?
4) 这是什么杂志?
5) 你现在到图书馆去还是回宿舍去?
6) 这是怎么回事儿?
7) 你喜欢买什么就买什么吧.
8) 他哪儿也不想去.
9) 那座纪念碑多高?
10) 这条路多宽?

* 다음 단어를 어순에 알맞게 배열하세요.

1) 汉语老师的发音怎么样?
2) 你怎么没告诉他?
3) 你们学校的礼堂有多大?
4)你要几本书?
5) 这条河多长?

7. [제 8 과]

* 다음 우리말을 중국어로 옮기시오.

1) 学校前边有很多商店.
2) 我的屋子里有一张床和两张桌子.

3) 韩汉词典不在他那儿.
4) 手绢儿在口袋里.
5) 男生宿舍在学校外面, 女生宿舍在学校里面.
6) 这儿是百货大楼, 百货大楼前边是汽车站.
7) 你家对面是我家.
8) 她的衣服都在衣柜里.
9) 篮子里有很多苹果, 有的大, 有的小.
10) 他离开韩国已经有十年了.

* 다음 단어를 어순에 알맞게 배열하세요.

1) 我的钱包里有一张照片.
2) 银行右边是电视台.
3) 邮局在图书馆南边.
4) 我爸爸有一辆汽车.
5) 我们学校对面是邮局.

8. [제 9 과]

* 다음 우리말을 중국어로 옮기시오.

1) 我朋友每天骑自行车来上课.
2) 妈妈用剪刀剪纸.
3) 他们去公园玩儿了.
4) 他跟中国朋友用汉语聊天.
5) 我妹妹自己做衣服穿.
6) 我没有时间去机场接他.
7) 我们没有办法解决这个问题.
8) 你有没有钱买这本书?

9) 她想买橘子吃.
10) 大哥跟妈妈要钱花.

* 다음 단어를 어순에 맞게 배열하세요.

1) 我有几个问题问老师.
2) 他们坐飞机去上海了.
3) 同学们用中文讨论这个问题.
4) 他没有衣服穿.
5) 他用左手写汉字.

9. [제 10 과]

* 다음 우리말을 중국어로 옮기시오.

1) 贤淑让我到图书馆找她
2) 金老师叫我们回去.
3) 他的话使我很感动.
4) 我有个朋友说汉语说得非常好.
5) 这件事的确使我们非常高兴.
6) 老师让我去办公室拿同学们的成绩单.
7) 这次我们没选他当代表.
8) 谁叫你这样做?
9) 总经理让他负责这件事.
10) 我奶奶留我多住几天.

* 다음 단어를 어순에 알맞게 배열하세요.

1) 老师鼓励我们学习汉语.

2) 爸爸不让我抽烟.
3) 你叫小张立刻来接电话.
4) 她最讨厌我喝酒.
5) 老师不让我参加足球比赛.

10. [제 11 과]

* 다음 우리말을 중국어로 옮기시오.

1) 我把那本小说看完了.
2) 请把那本词典递给我.
3) 他没有把这个消息告诉我.
4) 我把今天要办的事都办完了.
5) 我还没把钱还给他呢.
6) 你把他送到机场吧.
7) 我想把在中国照的照片寄给父母.
8) 去中国旅行的时候, 我把护照弄丢了.
9) 这屋里空气不太好, 快把窗户打开.
10) 我把买来的牛奶放在冰箱里了.

* 다음 단어를 어순에 알맞게 배열하세요.

1) 我没有把椅子搬到外边去.
2) 他把汽车停在门口了.
3) 你把他的地址记一下.
4) 我已经把黑板上的字擦掉了.
5) 我把她当做我的姐姐.

11. [제 12 과]

* 다음 우리말을 중국어로 옮기시오.

1) 这个问题能被他一个人解决.
2) 这些东西没被别人看见.
3) 水果让他们吃完了.
4) 电脑叫弟弟弄(用)坏了.
5) 这几棵白菜被虫子咬坏了.
6) 他们被老师表扬过.
7) 那张桌子被学生搬到那个房间去了.
8) 放在口袋里的手机被小偷偷走了.
9) 这个作品被评为优秀作品.
10) 那个路灯叫公共汽车撞坏了.

* 다음 단어를 어순에 알맞게 배열하세요.

1) 衣服给雨淋湿了.
2) 她被大家说服了.
3) 他的作品被大家所熟悉.
4) 她被热水烫了.
5) 妹妹被哭声惊醒了.

12. [제 13 과]

* 다음 우리말을 중국어로 옮기시오.

1) 他的铅笔比我的长.
2) 这件毛衣比那件(毛衣)漂亮得多.

3) 我们比他们走得快. / 我们走得比他们快.
4) 我比你多穿了一件衣服.
5) 这种苹果有那种那么甜.
6) 坐火车没有坐飞机那么舒服.
7) 这支钢笔的价钱跟那支(钢笔的价钱)一样.
8) 她的裙子跟你的(裙子)不一样.
9) 飞机比什么都快.
10) 买这个比买那个合算.

* 다음 단어를 어순에 알맞게 배열하세요.

1) 他长得好像他父亲似的.
2) 哥哥比弟弟高十厘米.
3) 他夫人跟他一样喜欢游泳.
4) 今天气温像夏天一样热.
5) 她的样子像中国人一样.

13. [제 14 과]

* 다음 우리말을 중국어로 옮기시오.

1) 这台收音机是新买的吗?
2) 我去年写了两本小说.
3) 桌子上有一杯茶和一瓶酒.
4) 今天我弟弟去文具店买了两支圆珠笔和三个本子.
5) 一棵树上有几只鸟儿?
6) 一个人每天吃三顿饭.
7) 我吃一颗药, 睡着了.
8) 这台电视机是彩色的还是黑白的?

9) 妈妈昨天去百货大楼买了二十多本书和两近半牛肉.

10) 你们学校有几位中国老师?

* 다음 (　)안에 알맞은 양사를 써 넣으세요.

1) 一(面)镜子.
2) 一(对)夫妇.
3) 一(扇)门.
4) 一(滴)眼泪
5) 一(所)房子

* 다음 단어를 어순에 알맞게 배열하시오.

1) 这本书是谁的?
2) 妈妈给我五千块钱了.
3) 我哥哥买了一辆汽车.
4) 你想吃点儿什么呢?
5) 这件衣服很适合你.

14. [제 15 과]

* 다음 우리말을 중국어로 옮기시오.

1) 他想上大学.
2) 我想问老师这个问题.
3) 下雪路滑, 开车要小心.
4) 他不愿意让我们知道这件事.
5) 我会弹一点儿钢琴.
6) 下雨了, 他会回来吗?

7) 你们今天能不能写完作业?
8) 今天没带学生證, 我不能在图书馆借书.
9) 我可以问你一个问题吗?
10) 今天的事应该今天做完.

* 다음 단어를 어순에 알맞게 배열하세요.

1) 毕业以后, 你想做什么?
2) 我们应该改正错误.
3) 他不打算跟别人商量这件事.
4) 我们得准备一点儿礼物.
5) 你打算什么时候去中国留学?

15. [제 16 과]

* 다음 우리말을 중국어로 옮기시오.

1) 小孩儿一边唱歌, 一边跳舞.
2) 她又会弹钢琴, 又会拉小提琴, 很有才华.
3) 我们一出去就下雨了.
4) 我们先吃点儿饭, 然后再做吧.
5) 他不是不想来, 而是真的有急事.
6) 我不但学了汉语, 而且加深了对中国的了解.
7) 不但他会说日语, 而且我也会说日语.
8) 周末我在家里不是看孩子, 就是睡觉.
9) 与其在这里等公交车, 不如慢慢走去.
10) 宁可我自己多做一点儿, 决不麻烦别人.

* 다음 단어를 어순에 알맞게 배열하세요.

1) 请你把这本书交给老王或者老张.
2) 一下飞机, 他就到我这儿来了.
3) 我爸爸今天不是下午来, 就是晚上来.
4) 昨天晚上我一躺下就睡着了.
5) 我宁可饿死, 也不吃你们的饭.

16. [제 17 과]

* 다음 우리말을 중국어로 옮기시오.

1) 我们不在电影院看电影, 在礼堂看电影.
2) 从今天起, 我要努力学习.
3) 现在离寒假还有几天?
4) 他们从早上到深夜一直工作.
5) 他向门口走来了.
6) 从这儿往西走五百米就到家了.
7) 去不去中国由你自己决定.
8) 对这种现象应该认真研究.
9) 你不会写汉字, 我替你写吧.
10) 大家对我非常客气.

* 다음 단어를 어순에 알맞게 배열하세요.

1) 我对他提出了一些意见.
2) 飞机票由个人负担.
3) 他们对你太过分.
4) 这是我给她买的项链.

5) 从这条路走比较近.

17. [제 18 과]

* 다음 우리말을 중국어로 옮기시오.

1) 她喝了一杯咖啡, 我喝了一瓶酒.
2) 我们去他家看了很多杂志.
3) 我没听今天早上的广播, 你听了没有?
4) 明天你吃了晚饭就来找我.
5) 他昨天参加了篮球比赛.
6) 他在广州住了三年.
7) 她等我等了两个小时. / 她等了我两个小时.
8) 他看了两本小说了, 还要看.
9) 我等了他一个小时了, 他还没来.
10) 昨天李老师跟从中国来的学生们一起看了电影.

* 다음 단어를 어순에 알맞게 배열하세요.

1) 他们在公园玩儿了一个下午.
2) 你在北京住了多长时间?
3) 我们踢足球踢了两个小时了.
4) 我已经来北京好几年了.
5) 昨天晚上他睡了五个钟头.

18. [제 19 과]

* 다음 우리말을 중국어로 옮기시오.

1) 我曾经学过德语, 可是现在不会说.
2) 他在银行工作的时候, 我看见过他三次.
3) 他在中国学过两年汉语.
4) 虽然我以前没跟他们见过面, 但是他们的情况我早就听说.
5) 到中国以后, 我从来没生过病.
6) 我去过那儿一次, 我可以告诉你们怎么去.
7) 我劝过他好几次, 他不肯听.
8) 那位教授指导过从中国来的研究生吗?
9) 我去年跟她一起在公园散过步.
10) 我跟妈妈一起去叔叔开的食品商店买过泡菜.

* 다음 단어를 어순에 알맞게 배열하세요.

1) 我用汉语写过信.
2) 其实我也没有吃过这种水果.
3) 我在上海见过她一次.
4) 她跟谁结过婚?
5) 我从来没跟别人打过架.

19. [제 20 과]

* 다음 우리말을 중국어로 옮기시오.

1) 我们正在准备考试.
2) 妈妈正在厨房做饭呢.

3) 朋友们正到处找你呢.
4) 老师进教室来的时候, 你们干什么呢? 那时, 我们正在休息呢.
5) 他在做作业吗? 没有, 他在上网呢.
6) 你们不要吵闹, 爸爸在睡觉呢.
7) 我们没聊天, 我们热烈讨论中国历史呢.
8) 有的人在画画儿, 有的人在看书呢.
9) 昨天我去他家的时候, 他正在看书.
10) 明天你去找她, 她会在等你.

* 다음 단어를 어순에 알맞게 배열하세요.

1) 你在听什么音乐呢?
2) 我朋友在宿舍睡觉呢.
3) 他正在写文章呢.
4) 我妹妹没唱歌儿, 在听歌儿呢.
5) 爸爸没睡觉, 在写文章 呢.

20. [제 21 과]

* 다음 우리말을 중국어로 옮기시오.

1) 街上没有人, 只有路灯亮着.
2) 他们喝着茶谈话.
3) 衣柜里挂着几件衣服.
4) 我喜欢吃着饭看电视.
5) 墙上没有挂着画儿, 只挂着一张中国地图.
6) 这个信封上没有写着奇信人的地址和名字.
7) 她脖子上戴着一条珍珠项链.
8) 这把椅子坐着真舒服.

9) 那个学生擦着眼泪说.
10) 躺着看书对眼睛不好.

* 다음 단어를 어순에 알맞게 배열하세요.

1) 病人在床上躺着.
2) 妈妈听着音乐睡觉呢.
3) 他忙着收拾行李.
4) 她的手提包里放着各种各样的化粧品.
5) 你跟着他去吧.

21. [제 22 과]

* 다음 우리말을 중국어로 옮기시오.

1) 雨停了, 天就要晴了.
2) 天气要冷了, 我要准备大衣.
3) 我们学校十二月二十号就要放寒假了.
4) 他快要出院了.
5) 火车要开了, 请上车吧.
6) 听说他们就要结婚了.
7) 他下个星期就要去中国留学了.
8)天阴了, 要下雨了. 现在下午三点半, 银行四点就要关门了.
9) 汉语演讲大赛就要开始了吗? 还没开始呢.
10) 明天就要考试了, 今天晚上我要开夜车.

* 다음 단어를 어순에 알맞게 배열하세요.

1) 火车马上就要开了.
2) 他下星期就要离开北京了.
3) 电影要开始了, 我们进去吧.
4)火车快到站了, 不要离开父母身边.
5) 十分钟以后就要上课了.

22. [제 23 과]

* 다음 우리말을 중국어로 옮기시오.

1) 哪儿是他们上课的地方?
2) 明天是你弟弟的生日.
3) 这是我送女朋友的礼物.
4) 我这两本新英韩词典是上个星期买的.
5) 这个孩子有很多玩具.
6) 那个人是做什么的? 他是教书的.
7) 这是昨天配的眼镜吗?
8) 用汉语跟中国人谈话的那个外国人是韩国大学的留学生.
9) 这是我妈妈做的点心.
10) 庆州是一个非常古老的城市.

* 다음 단어를 어순에 알맞게 배열하세요.

1) 张先生是谦虚的人.
2) 跟他握手的那个人是我朋友.
3) 他看的那个电影很有意思.
4) 我给姐姐的是杂志.

5) 他是做买卖的.

23. [제 24 과]

* 다음 우리말을 중국어로 옮기시오.

1) 上课的时候, 他非常认真地听课.
2) 他下午到北京, 我们去机场接他吧.
3) 外边的天气很冷, 请大家里边坐.
4) 他很快地吃了一碗饭.
5) 这个孩子很认真, 也很大胆.
6) 我们很热情地接待了老师.
7) 他的父母强烈地反对了他去国外留学.
8) 我妈妈常常给我写信.
9) 你们热烈(地)欢迎我们, 我向你们表示衷心地感谢.
10) 他们非常高兴地坐飞机去了上海.

* 다음 단어를 어순에 알맞게 배열하세요.

1) 他们很认真地做练习.
2) 我特别喜欢黄山的风景.
3) 为我们的友好关系干杯吧.
4) 代表团由十个人组成.
5) 星期天我在图书馆看书.

24. [제 25 과]

* 다음 우리말을 중국어로 옮기시오.

1) 他每天睡得很早, 起得很早.
2) 她写汉字写得很整齐.
3) 他说得很慢, 很清楚.
4) 她长得很漂亮.
5) 他回答这个问题回答得怎么样?
6) 我们跳舞跳得很高兴.
7) 她哭得眼睛都红了.
8) 孩子吓得哭起来了.
9) 老师常常来得早, 学生们也来得早.
10) 你听什么听得那么津津有味的?

* 다음 단어를 어순에 알맞게 배열하세요.

1) 他学汉语学得怎么样?
2) 听了那个消息, 他感动得流下了眼泪.
3) 我回答问题回答得不太好.
4) 我篮球打得不好.
5) 我爸爸最近忙得很.

25. [제 26 과]

* 다음 우리말을 중국어로 옮기시오.

1) 你们学完第十五课了吗?
2) 你的表已经修理好了.

3) 我借着了那本中文书.
4) 我妹妹今年考上大学了.
5) 我在路上遇见了好久没见的朋友.
6) 我们学到第十课了.
7) 我把美金换成人民币了.
8) 你的名字我记住了.
9) 他把这本书放在桌子上了.
10) 你能看懂这本中文小说吗?

* 다음 단어를 어순에 알맞게 배열하세요.

1) 请把窗户关上.
2) 我听见了敲门声.
3) 我每天学习到晚上十点钟.
4) 你们应该写清楚你们的名字.
5) 请打开书, 翻到第三十页.

26. [제 27 과]

* 다음 우리말을 중국어로 옮기시오.

1) 老师走进家里去了.
2) 我从图书馆借来了这本小说.
3) 他们要走过那座桥去.
4) 天气预报说今天下午会下雨, 果然下起雨来了.
5) 那个病人又晕过去了.
6) 佛教(是)从印度传过来的.
7) 我还有一把钥匙, 这个你拿去.
8) 她的名字和电话号码, 我想起来了.

9) 这几天天气渐渐冷起来了.

10) 看起来, 她长得很像妈妈.

* 다음 단어를 어순에 알맞게 배열하세요.

1) 一位妇女走进办公室来了.

2) 上课以后, 我们都回宿舍去了.

3) 她从楼上跑下来了.

4) 请把西服脱下来, 挂在衣架上.

5) 妈妈从外边走进来了.

27. [제 28 과]

* 다음 우리말을 중국어로 옮기시오.

1) 这么多作业, 你写得完吗?

2) 你明天十点以前回得来吗?

3) 是真是假你认得出来吗?

4) 黑板上的字很小, 我看不清楚.

5) 她拿不动这么重的行李.

6) 这个房间放得下两张床吗?

7) 我记不得他是什么时候来的.

8) 我们想不出好办法来.

9) 你吃得了一瓶啤酒吗?

10) 这个谜语你猜得着吗?.

* 다음 단어를 어순에 알맞게 배열하세요.

1) 那座山太高, 我们爬不上去.

2) 那么贵的东西，你买得起吗?
3) 这些作业你一天做得完吗?
4) 你放心好了，那么用不着担心.
5) 她舍不得离开男朋友.

28. [제 29 과]

* 다음 우리말을 중국어로 옮기시오.

1) 昨天他去了一趟百货大楼.
2) 我被他批评了一顿.
3) 她在银行工作的时候，我见过她三次.
4) 我劝过他一次，他不肯听.
5) 我去过好几次他家.
6) 狼咬了鸡一口.
7) 昨天晚上下了一场雪.
8) 忽然刮了一阵风后开始下暴雨了.
9) 老师抬头看了我一眼.
10) 我去教室找了他三次，他都不在.

* 다음 단어를 어순에 알맞게 배열하세요.

1) 他尝过几次中国菜.
2) 我找过他三次.
3) 昨天晚上下了一场雪.
4) 我们公司每周开一次会.
5) 他昨天到釜山去了一趟.

29. [제 30 과]

* 다음 우리말을 중국어로 옮기시오.

1) 这本词典是从国外买来的.
2) 我不是跟朋友一起来的, 是一个人来的.
3) 我是五年前认识他的.
4) 这张照片是在北京照的.
5) 他是2021年大学毕业的.
6) 书是桌子底下找到的.
7) 他是好几年以前当的警察.
8) 你的钱包是小偷偷走的吗?
9) 其实不是我自己找着的, 是司机送来的.
10) 这封信是谁寄来的?

* 다음 단어를 어순에 알맞게 배열하세요.

1) 这本书是从图书馆借来的.
2) 事故是在十字路口上发生的.
3) 这件事是我应该做的.
4) 那件毛衣是我打的.
5) 我爸爸是从上海来的.

30. [제 31 과]

* 다음 우리말을 중국어로 옮기시오.

1) 虽然他在中国的时间很短, 但是学到了不少东西.
2) 因为中国的丝绸很有名, 所以那个商人买了很多.

3) 既然大家都同意, 我就没有什么意见了.
4) 只要有钱, 什么事都可以解决.
5) 我们只有努力学习, 才能学好汉语.
6) 周末我除了睡觉以外, 什么都不想干.
7) 除了金先生以外, 谁也不知道这件事.
8) 你们如果有不认识的字, 就可以查词典.
9) 即使这件衣服有点儿贵, 我也要买.
10) 学外语应该多说、多听、多写, 否则就学不好.

* 다음 단어를 어순에 알맞게 배열하세요.

1) 他的病虽然好了, 但是还要多休息.
2) 你要是明天有空儿, 就到我家吃饭.
3) 除了汉语以外, 他还会说日语.
4) 因为有急事, 我没去参加聚会.
5) 只要努力一定会成功.

[참고문헌]

풍승리, 시충굉저, 이정민역, ≪중국어삼일어법≫, 다락원, 2018.
한민이 지음, ≪맛있는 중국어작문≫1. 2, jrc북스, 2011.
북경어언학원 지음, 최병덕외 옮김, ≪현대중국어실용어법≫, 고려원, 1994.
김현철외 5인 편역, ≪중국어문장 바로쓰기≫1. 2, 신아사, 1998.
박귀진, 민병석 편역, ≪중국어문법책≫, 시사에듀케이션, 2001.
이종진, 신승희, 모해연 공저, ≪중국어문법과 작문≫, 현학사, 2004.
원종민 지음, ≪핵심중국어문법≫, JPLUS, 2003.
조경희, 김성동 지음, ≪중국어문법작문≫, 케이시, 1999.
朱晓星 主编, ≪简明汉语语法学习手册≫, 北京大学出版社, 2002.
임유경저, ≪중국어문법작문업그레이드≫, 동양문고, 2003.
齐沪扬 저자, 남궁양석 역자, ≪실용현대중국어어법≫, 시사에듀케이션, 1998.
찰스 N. 리, 산드라 A, 톰슨 지음, 박정구외 4인 옮김, ≪표준중국어문법≫, 한울아카데미, 1989.
주경명저, 이후일편역, ≪시험지존중국어어법≫, 시사중국어사, 2007.
박미정, 이영월, 조길 공저, ≪삼위일체중문법≫, 동양문고, 2003.
守屋宏则 저, 남궁양석, 윤정희 역, ≪중국어기초문법≫, 시사차이나사, 1997.
유희명외 2인공저, 양경애옮김, ≪현대중국어문법≫, 지영사, 1994.
田中清一郎 著, 이의활 역, ≪중국어용법편람≫, 중문출판사, 1992.
민경삼 지음, ≪문법편 e-클리닉 중국어≫, 현학사, 2002.
이보귀 지음, 임정빈외 3인 편역, ≪북경대학 중국어 어법의 모든 것≫, 동양북스, 2012.
고수연 편저, 쑨저잉 감수, ≪차이니즈 VOCA8000≫, 씨앤톡, 2006.
김종호, 강희명 저, ≪중국어 쉬운 문법≫, 다락원, 2011.

진작괭 지음, ≪중국어 쉬운 작문≫1, 2 다락원, 2010.
류기수 편저, ≪중국어 포인트 999≫, 시사에듀케이션, 1998.
강병규 지음, ≪55문장으로 끝내는 중국어 문법 노트≫, 시사중국어사, 2021.
양더핑 지음, ≪한국인이 자주 틀리는 중국어문법 오류 분석≫, 한국문화사, 2018.
신승희 지음, ≪SM 중국어문법과 작문≫, 피비프레스, 2019.
김진아 지음, ≪문장으로 끝내는 중꾸어 문법 무작정 따라하기≫, 길벗이지톡, 2013.
장영석 지음, ≪강독을 위한 중국어문법≫, 한울, 2015.
이덕진 지음, ≪업그레이드 중꾸어문법≫, 시사중국어사. 2018.
한용수 지음, ≪21세기 중국어문법≫, 선학사, 2020.
최재영 지음, ≪탄탄한 중국어 문법책≫, 동양북스, 2018.
류환 지음, ≪드림 중국어 고급문법≫1, 2. 드림중국어학원, 2020.
진광호 지음, ≪현대 중국어 실용문법≫, 부산외대출판부, 2018.

강창구

전남대학교 문학박사와 남경사범대학 문학박사를 취득했으며, 주로 중국어어법과 중국어교육, 중국문화에 관심을 가지고 강의와 연구 활동을 하고 있다. 저서 및 공저 17권, 논문 60여 편이 있다. 현재 세한대학교 교수로 재직 중이다.

표준 중국어 문법

초판 1쇄 발행 _ 2022년 9월 10일

저 자 · 강 창 구
발행인 · 정 현 걸
발 행 · 신 아 사
인 쇄 · 대명프린팅
주 소 · 서울특별시 은평구 통일로 59길 4 (2층)
전 화 · (02) 382-6411 팩스 · (02) 382-6401
홈페이지 · www.shinasa.co.kr
E-mail · shinasa@daum.net
출판등록 · 1956년 1월 5일(제9-52호)

ISBN: 979-11-92428-33-8(93720)

정가 17,000원